学校図書館の出番です！

肥田美代子
Miyoko Hida

ポプラ社

学校図書館の出番です！

装画　高橋和枝
装丁　楢原直子（ポプラ社）

はじめに

読書は、子どもの人格形成に欠かせない営みである。そのことをよく理解し教育課程に読書時間を採り入れ、本を読む楽しさや図書館の使いかたを教える教師もふえてきた。子どもの頃から、本に親しむ生活習慣をつくることは生涯を通じて学びつづける国民を育てることにつながる。本書で紹介した『アメリカ教育使節団報告書』からも、学びつづける国民の存在こそが、民主主義の土壌であるというはっきりした考えかたが読みとれる。

これからの学校図書館は、読書活動や学習活動の利用に加え、言語能力や情報活用能力の育ちを支え、主体的・対話的で深い学び（アクティブ・ラーニング）を効果的に進める基盤となる。このため、本書では学校図書館の生い立ちや学校図書館法の条文についても掘りさげて考察している。

ほぼ10年にいちど改定される学習指導要領の歴史を跡づけるとともに、学習指導要領における学校図書館の扱い方もたどってみた。

日本の教育界に衝撃を与えたＰＩＳＡ（国際学習到達度調査）については、欧州連合の歴史と文化にからませて触れている。文部省（当時）の『学校図書館の手引』（１９４８年）を紹介したのは、あの時代、これほどの内容のものが世に出ていたこと、そしてその内容がいまでもけっして古くなく、むしろおおいに参考になることを、ひとりでも多くの人に伝えたいとねがったからである。先人たちの知識や知恵に学び、共有したいとおもう。

本書では、学校教育で学校図書館が活用されることの少なかった時代の空気や、学校図書館が冷遇されてきた歴史的経過についても触れている。これらの例は、学校教育の本質にかかわる問題だと考えたからであった。学校図書館は、子どもの「生きる力」を育てるための基本的な文化インフラである。この教育設備が生命力を持ち、輝きを放つためには、つねに人がいなければならない。

この考え方は、本書の全体を貫いている。

学校司書は、子どもと本との橋渡しの役目だけではなく、深い学びの授業改善の展開に欠かせない存在である。このため、本書の後半では学校司書の法制化とその意義について考察している。

本書は、69年前の『学校図書館の手引』に着想を得て、それを発展させるかたちでわたしの解釈と評価を加え、言語活動の充実やアクティブ・ラーニングの視点による授業改善に役立つ「新・学校図書館の手引」のつもりでまとめた。新聞、書籍、雑誌を活用した図書館活用型教育や、読書推進活動などの参考になればと願っている。

はじめに

学校図書館の出番です！●目次

第1章 ● 居心地のよい学校図書館

絶景に建つ学校図書館

小学校の真正面に生駒山が見えた。アジア・太平洋戦争が終わって5年、1950（昭和25）年の春、わたしは疎開していた岐阜県の山村から、父母とともに奈良県の小さな町に引っ越し、その町の小学校に転入した。

町立の生駒小学校は、生駒山脈と向かいあった丘の上に建ち、晴れた日の朝、山の緑は、まぶしいひかりにかがやくのだった。落ちつき払った里山や小川の風景は、子ども心にも戦争が終わったという安堵感をもたらした。しかし人びとのくらしはまだまだまずしく、それが子どもの生活にも細くながい影をおとしていた。

栄養補給だといって、こげたにおいのスキムミルクがアルミ食器にいれられ、みんなにくばられた。友だちもわたしも、一滴ものこさずに飲み干した。けれど、栄養不足は隠しようもなく、それがもととみられる、青洟《あおばな》をいつも垂《た》らした子もいたし、シラミの卵で髪を白くした子もいた。それでも子どもたちは明るく、生き生きと野山をかけめぐった。小川の流れに足を浸《ひた》し、草花を摘《つ》み、小さな生きものを追った。

戦争で傷ついた心が自然の中でいやされ、子どもたちは生気を取りもどしていった。山の中腹には戦災孤児の収容所もあった。戦争はじつにたくさんの人びとのいのちをうばい、親も兄弟も亡くした子どもが、日本列島のあちこちで精いっぱい生きていた。

おなじ町内には、戦争で徴用されて、日本に住むことになった朝鮮人の集落があり、そこに暮らすR君は、いつもわたしをみつけると追いかけてきてスカートをめくろうとした。わたしは足でけり上げたり、平手で頰をなぐったりして追い返した。

ブリキの塵《ちり》とりで、わたしに叩かれて頭から血を流したこともあったけれど、五年生の誕生日に真っ赤なシャープペンシルをプレゼントしてくれた。いまはすべてがセピア色になってしまったが、そうしたいろいろのできごとが、わたしの人生の一部となった。

小学校の2階に学校図書館があった。その窓からまっすぐに生駒山が望まれた。ここはわたしにとって学校の中でいちばんお気に入りの場所だった。

春、夏、秋、冬の四季を通じて生駒山は色彩をかえるので、眺めていて飽《あ》きることがない。わたしは晩春の5月、悄然《しょうぜん》とふる雨が好きだった。本を読まなくても窓辺に立ち、降る雨をぼんやりながめているだけで、気分は満たされるのだった。

ヘレン・ケラーもキュリーも友だちだった

書架には伝記や小説や童話や少しばかりの絵本が整理されていた。昼休みや放課後になると、希望する本を図書委員が貸し出してくれた。わたしはキュリー夫人、ヘレン・ケラー、ナイチンゲールなどの偉人伝を借りて読みまくった。

ノーベル物理学賞とノーベル化学賞とを受賞したポーランド生まれのフランスの物理学者キュリー夫人は、男性に劣らない学問を修め、研究成果を人類の未来にのこした女性である。その偉大な存在について、伝記を読んで初めて知ったのだった。

クリミア戦争に従軍し、その時の奉仕と献身の看護ぶりが高く評価され、それで得た功労金で、看護学校を創設したイギリスの看護師ナイチンゲール。伝記でうかびあがる彼女の鮮烈な姿は、窓の外にひろがる自然の美しさとともに、わたしの心のうちに深く刻みこまれた。

1歳7か月のときの病気がもとで目もみえず、耳も聞こえず、言葉も失ったヘレン・ケラーは、7歳のとき、家庭教師のアン・サリバンと出合う。彼女の献身的な導きに支えられて、みずからもまた強い意志と努力で言語を習得し、やがて名門ハーバード大学に入学する。そして三重障害者としては、世界で最初の大学卒業者となった。

アン・サリバンの人間に対する深い理解は、ヘレン・ケラーの心の中に生命の躍動感を呼びおこし、それが強く生きる力となった。二重三重のハンディキャップに生きるヘレン・ケラーが、水道の蛇口《じゃぐち》から流れ出る水に手をひたし、それが「水」という名であることを知って、「ウォーター」と叫ぶ場面は、いくど読みかえしても、心ふるえるものだった。

伝記には、人類の未来を希望の輝きで照らした偉人が、どのような人生を生き、ものごとをどのように考えていたのか、それを知るうえで、十分な情報と知識がつめこまれている。そうした女性たちの活躍ぶりは、わたしの向学心をつよく刺激した。

あとで知ることになったのだが、そうした伝記を学校図書館に配置したのは、国にはそれなりの教育方針があったからにちがいない。当時の文部省は、アジア・太平洋戦争の経験に学び、「大きくなったら兵隊に」とか、「日本をもっと大きな国に」とかの理想を子どもたちに持たせないことが、文化国家・平和国家の教育だと考えていたようである（「新教育指針」１９４６年）。

軍人にかわって、新しい人間像として選ばれたのが、キュリー夫人や医学者の野口英世や織機発明者の豊田佐吉や電気王のエジソンなどであった。戦争中の罪滅ぼしをしようとしたのであろうけれど、そんな思惑はわたしにはどうでもよく、ただ感動ということを教えてくれた本たちであった。

校長先生の心意気

わたしの家には書斎といえるほどのものはなく、小さな本棚があるくらいだった。父も母も、食糧難時代を生きぬくのに精いっぱいで、本を読むゆとりはなかったのではないかとおもう。でも、わたしは毎月、少女雑誌を買ってもらっていた。松島トモ子や白鳥みづえや小鳩くるみやらが表紙を飾っていた。

少女雑誌は、わたしのあこがれであり、精神《こころ》の歓びだったが、読書の楽しさを教えてくれたのは、やはり学校図書館のさまざまな本たちであった。

そこには日本や外国の偉人伝のほかにも、子ども向けの文学全集や動物図鑑や植物図鑑とかが、手をのばせばとどくところにあった。学校図書館は、本のない家庭の子どもにも、本のある家庭の子どもにも、ひとしく読む権利を与えてくれた。

ずっとあとになって、食べ物も着るものも不自由だった１９５０年代の初頭に、あの学校の図書館はどうしてあれほどまでに充実していたのであろうか、と不思議におもったことがある。２０１７年の春、その疑問を解こうと、クラスの担任だったY先生が91歳で、まだご健在なので電話しておたずねすると、はっきりした答えが返ってきた。

「それはね、あの小学校のN校長が、何でも新しいことに挑戦するひとで、いろんな学習の実験校に指定されていたのです。たぶん読書教育の実験校にもなっていたはずですよ」

であった。

今も昔も、校長は絶大の権限を任されており、校長の心構えひとつでその学校の校風は決まるといっても差し支えない。校長の権力がいい方向にばかりなびくとはおもわないけれど、読書の価値を理解し、学校図書館の本をそろえ、子どもを読書にむかわせようとつとめたN校長のこころざしを気高いものにおもう。そうした校長が監督する小学校にかよえたことは、わたしにとって幸せなことであった。

Ｎ校長の姿勢は、戦時中の暗く統制された教育指導から、個人の自由意志が尊重される教育へとうつりはじめた新しい時代の象徴だったのかもしれない。いわゆる戦後の民主教育というものが、奈良県のちいさな小学校にも春風のようにそよぎ、Ｎ校長はそのよりどころを学校図書館にもとめていたようにおもわれる。

第2章 学習指導要領と授業の改革

アクティブ・ラーニング

わが国の学校教育の風景がいま大きく変わろうとしている。

2020年から小学校より順次実施される学習指導要領が、討論や発表などをとりいれた「主体的・対話的で深い学び（アクティブ・ラーニング）」による授業改善をめざしているからである。これまで長い間学校教育は、教師が黒板にむかって、一方向で教えることがふつうの姿であった。期末テストや学期末テストでは、教えられたことをどこまできちんと覚えているかが測定され、高校受験もその延長線上にあった。熟考・評価する力よりも、より多く暗記する力の養成が優先されてきたといえるだろう。

この授業は、読み書き計算の基礎知識を身につけるうえで効果的であった。世界の国々のなかでも、識字率が高く、読み・書き能力のある人口の裾野《すその》がひろいのは、極端な評価かもしれないが、学制（6・3・3制）と板書授業の効用でもあったろうとおもう。教科書や教師との関係を通じて知識を蓄えることは、こんごもなお、子どもにとって必須の条件であろう。

他方、学校教育はいまなお子どもがみずから考え、みずから判断する力を育てることに成功していない。昨今、思考力の涵養《かんよう》が主張されはじめた理由もそこにある。子どもたちは、いつも受け身で授業に臨み、能動的な心構えで参画することは抑制されてきた。そんな事情もあって、わたしの耳には、「授業に興味が湧《わ》かない」という声や「勉強することに意味があるのか」という子どもたちの無数のつぶやきが聞こえてくる。

現代のように将来予測のむずかしい社会は、急激な変化を遂げる社会でもあり、それは容赦《ようしゃ》なく子どもたちをも巻き込んでゆく。その荒々しい波にもまれながら、子どもたちは学校で学ぶ事柄と、自分の人生とのつながりが見えず、悩んでいる。過去の知識の経験と集積だけでは、いまの社会に対応できないことに、子ども自身が気づいているのである。

新学習指導要領は、新しい時代に必要な資質・能力や「学びに向かう力」の育成を教育方針としてかかげた。これは、近ごろの子ども事情を踏まえてのことであるとおもう。授業改善の核となる討論や探究学習の結果発表などは、自分の意見を他者に伝える表現力を育てることになるし、コミュニケーション能力の育ちにも効果的である。授業をとおして多様な意見の存在に気づくことは、多様性に生きる力の基盤ともなる。

教師と子どもの縦の関係だけでなく、子ども同士の横への結びつきは、子どもの能動性と学習意欲をひきだす契機となるにちがいない。さきに教育の風景が大きくかわろうとしているのと記したのは、そうした事情による。

日本の教師の底力

子ども同士の討論や意見表明を採《と》りいれた授業は、非常に時間のかかるものとなることが予想される。それは対話型の授業を想像するだけでも十分に感じとれるのであり、教師のリーダーシップが問われる。しかもこれまでの授業内容を減らさずに、新しい授業方法が上乗《うわの》せされるわけだから、教師が授業に専念できる環境づくりが欠かせない。そうでなければ、「主体的・対話的で深い学びによる授業改善」の提案は空論に終わるであろう。

教師の教室以外でやる仕事の量はふえつづけている。会議、出張、研修、報告書作成、校務分掌、部活に加え、理不尽な要求をくりかえす、いわゆるモンスター・ペアレントへも対応しなければならない。

連合総合生活開発研究所の調査（２０１６年）では、小学校教師の出勤時刻は7時31分、退勤時刻は19時4分、在校時間は11時間33分である。中学校教師の在校時間は12時間12分であり、民間労働者の在社時間9時間15分に比べると、在校時間の長さがよくわかる。

それで思い出した。かつて社会的な共通理解を得ないまま、「総合的な学習の時間」や「言語活動の充実」など新たな教育方針を導入し、教育現場に不安や戸惑いを与えてしまったことがあった。こうした教育方針は、時代の求めるものでもあったが、矢継ぎ早にかわる教育施策は教育現場に混乱をもち込んだのだ。それまでに積み上げてきた授業方法や技能がふりだしにもどされることもあった。

それでも教師たちは試行錯誤をくりかえしながら、新しい授業法を創りだし、すぐれた対応能力を発揮して混乱を収束させたのだった。この熱心さが日本の教師の神髄といえるだろう。

けれども、彼も彼女も生身の人間であり、献身的な奉仕にも限界がある。研修制度の充実や専科教員の導入をはじめ、教員定数の改善、学校司書や事務職員の採用増、業務負担の削減など入念な工夫がいる。国や自治体の心のこもったサポートがなければ、新学習指導要領が実効性をあげることはできない。

新しい学習指導要領が目ざすものは、すでに多くの人たちが気づいているように、学校図書館の大切さをいやがうえにも印象づけるものとなった。子どもの自発的な探究学習か、教科書以外の教材で学ぶ機会とかが増えるからだ。学校図書館は、学校における言語活動や探究学習の場として、授業改革を支援する役目を担うことになる。アクティブ・ラーニングの視点から行われる学習活動は、イコール学校図書館活用教育といえるだろう。このところをしっかりおさえておいてほしい。

読書は生きる力を育てる

いままでの読書観も改めなければならない。

教育現場では、読書は授業外にあり、趣味の世界のことだった。趣味で本を読むことは、とてもだいじなことである。しかし学校で行われる読書活動は、趣味のレベルの域を超え、教育の一環として指導する必要があろう。

2001年に制定された「子どもの読書活動の推進に関する法律」は、すでに読書活動を学校教育のひとつとしてとらえ、国には「子どもの読書活動推進基本計画」の策定を義務づけ、都道府県市町村に対しては、それぞれ「子どもの読書活動推進計画」の策定に努めることを明記している。

法案要綱の起草を担当したわたしには、読書は生涯をつうじて感性や情緒を涵養《かんよう》する基盤であるという確固たる信念があった。だからこの法律は、想像力や発想のヒント、表現力や思考力、アイディアやコミュニケーション力、知識や技能といった生きる力の必要条件の多くを読書で磨くことができる。

第3章・先人たちからのメッセージ

書物はなによりも美しい

有川浩の『図書館戦争』（角川書店・2006年）は、映画化されて人気を博した。国家による思想検閲やメディア規制が横行する社会にあって、そうした検閲に対抗して、「本を読む自由」をまもる図書隊の活躍をえがいたものであった。

舞台は近未来の日本だが、こうした映画がつくられることに、わたしはもろ手をあげて賛成する。読書の自由や出版の自由がうばわれるとき、人間は生きていても、死んだにひとしい存在となるだろう。書物を守ろうとする人びとを描いた『図書館戦争』は、大事な事柄から他人《ひと》の関心と興味をそらそうとする国家の意思への抵抗だった。

米ロサンゼルス・タイムズの記者、デヴィッド・L・ユーリンは『それでも、読書をやめない理由』（井上里訳・柏書房・2012年）のなかで、読書とは早く終わらせるものではなく、時間をかけるものであり、それこそが読書の美しさである、と記したあと、つぎのように「書物の力」について書きついでいる。

一瞬のうちに情報が手に入るこの文化のなかで、読書をするには、自分のペースで進むことが求められるからだ。時間をかけて本を読むということの考えは、いったい何を意味しているのだろう。もっと根本的にいえば、それによってわたしはふたたび時間と向き合う、ということだ。読書の最中には、わたしたちは辛抱強くならざるを得ない。一つひとつのことを読むたびに受け入れ、物語に身をゆだねるのだ。さらにわたしたちは気づかされる。この瞬間、この場面を、この行を、ていねいに味わうことが重要なのだ、と。世界からほんの少し離れ、その騒音や混乱から一歩退いてみることによって、わたしたちは世界そのものを取りもどし、他者の精神に映る自分の姿を発見する。そのときわたしたちは、より広い対話に加わる。

読書は、わたしたちの生活をよりよい方向にみちびいてゆく活動であり、デヴィッドが「広い対話」というように、読むということは、ひとつの物語にわたしたちをとじこめないで、わたしたちの人生に深くかかわりながら、わたしたちと世界とをつないでゆく。

情報通信技術が発達し、本のページをめくらなくても、情報は手にはいるので、印刷された書物は時代おくれになった、という議論もある。でも、朝、光の差しこみ始めた部屋で、一冊の書物を両手にかかえ、表紙のタイトルやデザインをながめていると、記録された知識や記憶が集められたものとしては、いまのところ、この書物にまさるものはないとあらためておもう。

わたしの通った小学校の図書館に世界の偉人たちの生涯を記述する伝記が揃えられていたのも、先生たちの気まぐれによるものではなかったはずだ。書物というものには、先人たちからのメッセージがつめこまれ、その考え方や生き方までが記され、読む者を啓発し、勇気を与えてくれる。そのことを幼い教え子たちに実感させたかったにちがいない。

ノンフィクション作家スチュアート・A・P・マレーの『図説 図書館の歴史』（日暮雅道監訳・原書房・2011年）には、こんなエジプト古代詩が紹介されている。

彼らは跡継ぎとしての名を
その子らに残さないことを選んだ
彼が跡継ぎとして定めたのは
みずからが書き記した書物、そのうちにある教え…

人は消え、その肉体は地に埋められる
同じ時代の生きた人々はすべてこの地上を離れてゆく
しかし、書かれた言葉はその人物を記憶にとどめ

ひとりの口から、またひとりの口へと伝えられていく

書物は家よりも
西方の墓所よりもすばらしい
書物は城よりも
神殿の石碑よりも美しい

本はこんなにすばらしい

この詩は、当時の書記（専門の書き手。写字者）をたたえた詩である。書記の仕事のひとつは、富裕層の人びとのために原本を写して葬儀用の巻物をつくることであった。原本として最も尊ばれたのは、来世への神聖な案内書『死者の書』で、この写本は亡くなった者の副葬品・宝物として、なくてはならないものだった。

だから、すぐれた書記は、貴族や政府から高い評価をうけ、一族の文書にこうした書記の署名があることは、ひとつのステイタス・シンボルだったそうである。書記は、そのすぐれた、ほとんど魔術的な読み書き能力によって人びとの敬意を集めたという。

かれらの書くものは、対象とされる王や貴族が生きた時間をこえて、いつまでも、残りつづけるからである。

わたしたちが目にする伝記もまた、その人物が生きた時間よりも、はるかにながく読みつがれてゆく。アメリカやイギリスに生きた人物の伝記を、時間と空間をとびこえて、子どものころ日本列島の小さな町で読んだことの不思議をおもう。それが書物という人間の読み書き能力が生みだした文化的所産のなせるわざなのだ。

小学校の図書館で読んだ本の数々は、わたしのなかの雑然とした読書体験に、ひとつの筋道をつけてくれた。面白い本を選ぶ知恵を授けてくれたのも、その小学校の小さな図書館だった。

自分の幼少期の学校図書館体験とか、古代エジプトの『死者の書』にまつわるエピソードとかをかえりみるとき、電子本か紙の本か、あるいは紙の本はなくなるのではないかといった論の立てかた自体がむなしいものにおもわれてならない。紙の本と、他のメディアとは、歴史や文化的な厚みがちがうのである。

こう書きながら、わたしはいま、柳田《やなぎた》国男《くにお》の『火の昔　こども風土記』（筑摩書房　1979年）をおもい出している。柳田は人びとの話を聞きとり、それを文章にまとめ、書物として残し、後世に伝えてきた。人の死とともにきえゆくはずの伝説や物語を文字でつづり、書物としてのこしたことで、時空を超えて読むことができるのである。それが書物の力だとおもう。

『こども風土記』をのぞいてみる

柳田《やなぎた》国男が新聞に連載した『こども風土記』を、本のかたちにして発刊したのは1942年のことである。この文章をつづっている2017年からさかのぼること75年である。書かれている内容について、「古い」と言いきれる人はいないだろう。子どもにかかわることは、人類の原始の時代から、未来へと永遠につづき、終わりのないリアルな課題だからである。

そのながい歴史のひとこまを、あるいは子どもと親の風景を、柳田国男は日本列島を歩き、文献にあたり、それを活字で記録し、いまに残したのだった。『こども風土記』を読みかえしながら、経済の豊かさや生活の利便性とひきかえに、社会全体の子育て能力が劣化したようすをあらためておもう。テクノロジーというものは、たしかに古いものにまさる部分があるけれど、古いものが持っていたよさを消してしまうのである。

それでは、ほんの少し『こども風土記』に分け入ってみよう。

正月15日の前の晩に、子どもが人の家の前にきて悪口をいう農村の風習が紹介されている。家の男女の一年間の隠しごとを、ずいぶん露骨に言ってしまうのだが、おとなたちはそれを黙って囲炉裏端で首を垂れてきいていたという。

子どもは、もちろん人の秘密など知るわけはないし、知っていてもそれを言いあらわす言葉は持っていない。だから若い衆がついていきて、小声で隠しごとをあばく文句を耳うちしたのである。

子どもは聞いた言葉の意味がわからなくても、何か大切なことであると感じて、若い衆の教える文句をくちにする。江戸時代の寺小屋で、意味はわからないのに、『論語』の素読を反復練習したのに似ている。

子どもたちは、村落のもろもろの風習をひきつぎながら、その土地の言葉を覚えていった。言葉をあやつる技術を子どもが覚えるうえで、そうした伝統の継承はかかせないものだったにちがいない。

ままごと遊びの言葉

ままごともまた、幼児の会話能力をたかめる有効な遊びであった。

秋田県の雪小屋《かまくら》は、女の子が火鉢《ひばち》なんかをもちこんで、静かに煮炊《にたき》ものをして楽しむ場所である。べつの地方の正月小屋でも、餅《もち》を焼いて食べたし、ほかの地方には子どもを世話する宿もあって、子どもばかりの食事を準備するのが、宿の重要な役割であったそうだ。

子どもたちは、大人たちの深い懐《ふところ》にだかれ、そっと見守られながら、伝承された風習や遊びのかたちをくりかえして、その遊びをさらに発達させ、その場にふさわしい言葉を楽しみ、新たな言葉を身につけて行ったのである。

備前の邑久《おく》郡では、ままごとをバエバエゴクというそうだが、これは釜の下に焚《た》く火を形容した小児語がもとらしい。ままごとは、母親たちの食べ物ごしらえのまねではないかという説が有力だが、そうではないと柳田はいう。

何か改まった日の食事の物々しさと、これにともなう興奮に印象づけられて、子ども自身が役者として働いたのがはじまりであり、ひとつの遊びにあきると、新たな遊びをみつけだし、それに似合う名をつけて、遊びに対する興味をもりあげてきたのである。

ままごとは、子どもが自分自身を演じる舞台として創造したもののようである。ままごとを演じる役者は、茶碗を並べ、はしを置き、おかずをくばり、配膳がととのったところで食事をはじめる。この段取りのあいだ、その場に見合った言葉を交わし、誤った言葉づかいの子には、子ども同士で「ちがうよ」と注意しあう。

ままごとやおとなとのまじわり、もろもろの風習やら体験やらをつうじて、子どもたちは社会のルールを学び、いろいろなくらしの言葉を知り、自分の思いを言語であらわす技能をえたのだった。

お客さんごっこや姉さま人形あそびのように、人形が仲間に加わると、おしゃべり言葉も急激にふえ、柳田国男のいう「言葉の楽しみを味わう力」ができてくる。ままごとしながらつぶやくひとり言や、声にはださない心の中の言葉もふえ、ふくらみ、感情もよりこまやかになる。

子どもは、遊びをつうじて言葉を獲得し、くらしに必要な社会性を身につけていった。

この成長の基本形は古今東西、共通しているようである。ピーテル・ブリューゲルの『子供の遊戯』をみるたびにそのおもいがつのる。

『子供の遊戯』という名の一枚の絵には、村の広場で遊ぶ子どもたちの姿が生き生きと描かれている。ブリューゲル研究の第一人者、森洋子氏によれば、お手玉、人形遊び、祭壇ごっこ、ブランコ遊び、シャボン玉遊び、水鉄砲など91の遊びが描きこまれ、日本でもおなじみの遊びが数多くみられる。ブリューゲルも描いている人形あそびは、ひとりっ子だったわたしの好きな遊びのひとつであり、一日中ぶつぶつひとりごとを言いながら、自分の世界にひたっていた。

ブリューゲルの『子供の遊戯』や柳田国男の『こども風土記』の世界が、歴史のかなたに退いて地域の教育力がおとろえはじめたとき、保育所や児童館などの集団保育の方法が、世界各国で考えだされ、子育てと教育のかたちは近代的なものにかわっていった。

第4章 ● 近代公教育へのスタート

学制と学校図書館

学校は、子育てと教育の中心となった。子どもに読み書きの知識を広めるためには、学校が設立されなければならなかったのである。

日本の「学制」は、1872(明治5)年に始まる。学制はその序文にもあるように、人びとがその身を修め、産業をさかんにし、智をひらき、言語や書算、才芸を学ぶために必要だった。暗記よりも人びとの自由意思と、その人びとが生きるに必要な知識を学ぶことが教育であるとされている。

欧米歴訪の体験を下敷きに、『西洋事情』を書き、図書館の大切さにも触れた福澤諭吉は、学制公布と同じ年に、『学問のすゝめ』を発行する。学制の基本方針は、その『学問のすゝめ』に大きな影響を受けたものであった。

こうやってわが国の近代公教育は、明治維新後の自由でのびやかな雰囲気のもとでスタートしたのである。だが、やがて個人の尊厳よりも国家の意思を最優先する国家主義教育へとゆがめられ、自由と民主の気風は足早に遠ざかっていった。

この学制が施行されたとき、小学校には図書館が併設されている。授業や研究に必要な図書や資料や教材を集め、保管・管理する場所として図書館が必要とされたのだ。

しかし、教育現場の人びとが学校図書館に寄せるまなざしは、決してあたたかいものではなかったので、校舎の片隅で息をころし、身をひそめる歴史をたどった。学校図書館の存在は、現在においても、その学校がどのような教育を行っているのかを映す鏡のようなものだ。

たとえば、①教科書中心の画一的な教育なのか、②豊富な図書・教材を用いて自主的な探究学習を重視する教育なのか、③暗記力を鍛える教育か、など、どこに重心をおくかで、学校図書館との付き合い方がちがったものになる。

わが国のばあい、学制発布からアジア・太平洋戦争がおわる1945（昭和20）年までの73年のあいだ、学校図書館が教育活動に利用されることはなかった。明治、大正、そして昭和初期まで、国家の教育統制が行きわたり、教科書以外の書物や資料に目を向けることは肯定されなかったからである。

『21世紀の学校図書館』（日本学校図書館教育協議会編・労働教育センター刊・1999年）の中で執筆者のひとり、学校司書の宮崎豊和氏は、次のように記述している。

学校教育の中に学校図書館が位置付かなかった最大の理由は、国家による画一的な教育統制が進んだことにありますが、わずかな自由教育の実践者をのぞき、生徒が図書館資料を用いて宿題をやることを、「自分で考えようとしないずるいこと」（北國新聞・明治40年）として批判するような教員が多勢を占めていた、教育に対する認識の限界ともいうべき当時の状況も大きく作用していたといえます。

また巌谷《いわや》小波《さざなみ》によって日本最初の児童文学「こがね丸」が著されるのが、ようやく1891年のことですから、子どもの読書環境を支える資料面について質・量ともまだ充分ではなかったことも一因といえるでしょう。そのせいか、「教科書以外の読書はむしろ罪悪視され」（学校図書館年鑑1956年 全国学校図書館協議会）ており、自主的な学習や、自由な読書を楽しむというために、学校図書館を充実させるなどという状況にありませんでした。

子どもの自由な学習意欲をそぐ教師の力がはたらき、教科書以外の媒体で勉強したり、教科書以外の本を読んだりすることを罪悪視する風潮があったことに驚かざるをえない。しかしこれも日本の学校教育史の一面の真実であり、子どもたちをふたたび、こうしたあやまった教育環境におかないためにも忘れてはならないことだとおもう。

教師のひと言が子どもの育ちの芽を摘みとった

大正時代には「大正デモクラシー」といわれるほど、政治や社会、文化や教育にいたるまで民主化の運動がひろがりをみせる。高等学校や大学もふえて教育が発展した。武者小路実篤や志賀直哉、有島武郎らの参加した雑誌『白樺』が生まれ、自由な個性を大切にする生き方が追求された。

自由教育運動も盛りあがったが、その運動が学校図書館を活用した教育とむすびつくことはなかった。他方、1925（大正14）年には、天皇を絶対の支配者とする国家体制の変革や、私有財産制度の否認をかかげる結社とか運動とかを禁止する「治安維持法」が制定される。

さらにその3年後の1928（昭和3）年には、専門の弾圧機関〈特高警察〉が全県に設置され、あらゆる社会運動や政府・軍に批判的な言論と思想が弾圧され、治安維持法による逮捕者は国内で7万人、朝鮮で2万人以上にのぼったという。

こうした世の中にあって、学校教育も大きな影響をうけた。国の統制に従順な服従心を育てる授業が何よりも重くみられるようになり、学校図書館を使った授業どころではなくなった。学校図書館で研究しようとする生徒の行いを「ずるいこと」と批判する教師の態度は、時代の空気を映しだしたものであった。

しかし、このひと言は、子どもが学校図書館を使って探究学習しよう、という向学の芽を摘みとるのに十分な力があったにちがいない。子どもにとっては、姿のみえない国家の統制よりも、そこに立ち、姿のみえる教師の冷ややかな態度のほうが、はるかに恐ろしく感じられたはずだ。教育現場には、そのような暗く冷たい風がながいあいだ流れていた。

学校図書館は、教師や子どもが常に使わなければ、図書や資料や教材は整備されないという特質を持っている。利用する人や管理・運営する人がいなければ、どんな本、どんな教材が必要なのかがわからないからである。学校図書館から子どもたちをひきはなし、鍵をかけてしまうと、学校図書館がひかり輝く日は、ついに訪れない。

戦後は、子どもの個人差を認めたり、子どもの創意工夫や自発性を尊重したりする授業を行うことができるようになった。自由の空気が満ちた校舎で、教師たちは自分の能力を十分に表現できる客観的な条件も整い、学校図書館を使った教育実践をやろうと思えば存分にやれたはずだ。

しかし、2017年現在、学校教育の中に学校図書館をきちんと位置づけ、十分に活用している学校は、まだ少数のようにみえる。かつて国家の指示・命令を社会生活のすべてに行きわたらせようとした国家主義教育のときは、教科書以外の本を読んで勉強することはタブー視されたのだが、いまなお、学校図書館の活用教育が普及しないのは、そうした日本の過去をひきずっているのかもしれない。

しかし歴史の記録をひろってみると、1945(昭和20)年を境にして学校図書館にまつわる動きは、じつに活気にあふれたものであった。

最大の希望は子どもたちである

学校図書館教育にもっとも熱心だったのは、アメリカの人びとであった。日本がポツダム宣言を受諾し、アジア・太平洋戦争はようやく終わった。その戦後処理と対日占領政策を遂行するため、45年からGHQ（連合国最高司令官総司令部）が、サンフランシスコ講和条約が発効される52（昭和27）年まで日本に設置された。この条約で日本は、それまで自分の領土としていた朝鮮半島、台湾、南樺太と千島列島、マリアナ諸島などを放棄することになった。

GHQが日本の民主主義社会の基盤づくりに果たした役割は大きい。それまでの軍国主義と国家主義をあらため、あらゆる分野で民主主義を基本とする日本の改革をすすめたのである。

このGHQの求めで、アメリカ教育使節団が来日したのは１９４６（昭和21）年の春３月であった。イリノイ大学名誉総長、ジョージ・D・ストッダードを団長とする使節団は、大学総長や文化人類学者、心理学者、州教育長など合衆国を代表する知識人27名で構成されていた。

ここからは村井実訳『アメリカ教育使節団報告書』（講談社学術文庫・１９７９年）によりかかりながら書き進めることにする。

報告書は1946年にまとめられ、その内容は、日本の義務教育や高等学校制度、教育基本法の制定、男女共学、PTAの組織など学校教育の基本方向を示すものとなった。この「報告書」によって、日本の学校教育や社会教育の原型がかたちづくられ、村井氏がいうように、日本の教育はいまも、この報告書の指示した軌道のうえで動いている。

報告書によれば使節団は、征服者の精神をもってきたのではなく、すべての人間の内部に、自由と個人的・社会的成長とに対する測りしれない潜在的欲求があると信じる、経験ある教育者としてきたのだった。その目的は、こうである。

「われわれの最大の希望は子供たちにある。子供たちは、まさに未来の重みを支えているのであるから、重苦しい過去の因襲に抑圧《よくあつ》されることがあってはならない。だから、われわれは、悪い教育を止めさせるばかりでなく、できる限り、子供の心情を硬化させることなくその精神を啓発する教師や学校を準備し、教育の機会均等を計《はか》るようにするつもりである」

教育の主体は子ども

報告書は、それまでの教育勅語《ちょくご》や教師中心の授業ではなく、健全な民主主義のもとで子ども中心の学校教育を創造しようとしている。

ちなみに教育勅語は、1890（明治23）年に明治天皇の名で発布された「教育に関する勅語」のことである。従順な臣民《しんみん》を育てるための道徳や教育に対する基本方針を示したものであり、日本人の人格形成に大きな影響をもたらしたといえる。１９４８（昭和23）に国会で失効が確認されるまでの58年間もつづいたのである。

さて、報告書に話をもどそう。

教師の最善の能力は、自由な雰囲気の中でのみさかえるものである。この雰囲気を備えてやるのが教育行政官の務めであり、決してこの逆ではない。子供たちの測り知れない資質は、自由主義の陽光の下でのみ豊かな実をむすぶ。この光を供するのが教師の務めであり、決してこの逆ではないのである。あえて日本に説教したい。

つまり、どのくらい禁じられるべきかを見つけ出すよりも、どのくらい許されるべきかを見つけ出すことが、すべて権威の立場に立つ人々の責任なのである。これが自由主義の意味である。その精神のあるところ、すでに民主主義は根を下ろしている。それが代議制の政治に育つには、ただ時間と忍耐とが必要なだけである。（村井実訳『アメリカ教育使節団報告書』）

まさに、教育勅語との決別宣言だった。使節団は儀式のさいの教育勅語の棒読みや御真《ごしん》影《えい》の奉拝《ほうはい》は、過去においては、生徒の思想と感情を統制する強力な手段であったが、人格の発展に不適当であり、廃止すべきであると提案した。そして、その2年後の48年6月19日、衆議院では「教育勅語等排除に関する決議」が、参議院では「教育勅語等の失効確認に関する決議」が採択され、教育勅語は効力を失ったのだった。

アメリカ教育使節団報告書にもどる。

民主主義の教育哲学について報告書は、①個人の価値と尊厳との認識を基本とし、各人の能力と適性に応じて、教育の機会を与えられるよう組織されること、②教授の方法を通じて、学問研究の自由、批判的に分析する能力の訓練を大切にすること、③異なった発達段階にある生徒の能力の範囲内で、事実的知識について広範な討論を奨励すること、としている。

これらの目的は、学校の仕事があらかじめ規定された教科課程や、各教科について、ただひとつだけ認められた教科書に限定されていたのでは、なし遂げることはできないという。

報告書は、いままでのあまりにも暗記を強調してきたやり方を見なおし、たとえば、まったく異なった世界観をもつ書物や論文に出会うチャンスを与える。これは、国定教科書一辺倒のそれまでのわが国の学校教育では考えられないものであった。

ここで明確にされた教科書以外の参考書や、図書館の書物を使った授業内容の提案は、心ある教師たちが戦中期にやりたくてもやれなかった学習方法だったにちがいない。

第5章 ● 社会生活と学校をむすぶ教育

学校教育は社会への出発点

第2次アメリカ教育使節団が来日したのは1950（昭和25）年の夏8月であった。この使節団の報告書には、学校図書館についてこう記されている。

各校には図書館用図書その他の教育資料が適当に備え付けられていなければならない。学校図書館は、本だけでなく、あの日本人独特の稀な芸術的才能を持って教師と生徒で作製した教材をもっているべきである。林業を例にとれば、それは木材の見本、伐採法の絵、望ましい植林の絵等を含むのである。（中略）授業資料の中心設備としての学校図書館には生徒を指導する司書を置き、学校の中心となるべきである。（『21世紀の学校図書館』日本学校図書館教育協議会編・労働教育センター刊・1999年より）

学校図書館が学校教育の中心にあるべきだという論理は、やがて制定される学校図書館法に明示されることとなる。注目しておきたいのは、ここで「〝日本人独特の稀な芸術的才能〟をもって、教師と生徒が作製した教材をもつこと」を提唱していることだ。

生活風習や遊びなど日本の伝統文化や子どもの風習を採り入れた学校教育の姿がイメージされているようにおもう。

社会生活と学校とを結ぶ教育論や図書館教育論は、アメリカのジョン・デューイ（１８５９年～１９５２年）の考え方を採用したものであろう。

デューイは、知識や観念は行動のための道具という実用主義の代表的な学者で、その活動は哲学から教育学、倫理学、心理学など範囲はひろい。

学校教育についてデューイは、学校は暗記と試験といった受け身の学習の場ではなく、子どもたちが好奇心にあふれ、生き生きと社会生活を営む小さな社会であること、この小さい社会は、歴史と進歩を代表し、学校と社会とのあいだで相互作用がはたらくものであるとしている。

アメリカの教育に大きな影響をもたらしたこの理論は、権威主義と形式主義に安住していた伝統的な学校教育にショックをあたえた。

序《つい》にデューイの言論にもう少し耳を傾けてみる。

いろいろな活動的な仕事を学校のなかにとりいれることにかんして、心にとどめておくべき重大なことがらは、それらのものをとおして学校の全精神が一新されるということである。学校はいまや、たんに将来いとなまれるべき或る種の生活にたいして抽象的な、迂遠な関係を持つ学科を学ぶ場所であるのではなしに、生活とむすびつき、そこで子どもが生活を指導されることに拠って学ぶところの子どもの住みかとなる機会をもつ。学校は小型の社会、胎芽的な社会となる。これが根本的なことであって、このことから継続的な、秩序ある教育の流れが生じる。

（『学校と社会』宮原誠一訳・岩波書店・１９５７年）

デューイは、学校教育を通じてよりよい社会をつくるという目標を持ち、それを学校と社会が共有することを考えていたようにおもわれる。生活とむすびついた教育がかれの理想であった。学校教育は地域社会や生活に密着したものでなければならなかった。子どもはやがて社会に送り出され、社会人として生きる存在であることを考えると、それは当然のことであった。だからかれは、教育のなかに「生活体験」を導入し、子どもたちの好奇心やものづくり意欲に火をつけたのである。縫いものや織りものの体験を通じて、かれは子どもたちが手にする材料の生い立ちや、人類の歴史を考えさせようとしたのだ。

たとえば、こんなふうに。

10歳、12歳、13歳の男女の子どもが学校で縫いものや織りものをやっているのをみて、参観者は奇異の感に打たれるだろう。しかしながら、この種の作業は、子どもが人類の歴史と進歩の跡をたどるための出発点であり、同時に子どもはそこから、使用される材料にたいすることも洞察し得るのである。（同上）

日本語崩壊の危機

使節団の話にもどろう。アメリカ教育使節団がＧＨＱに提出した報告書の考え方や提案に、わたしはおおむね賛同するし、日本が民主主義の国を創るうえで、ＧＨＱの果たした役割は途方もなく大きいものであることも認める。

しかし、わたしには賛同できない提案もあった。「国語の改革」にふれた部分である。日本の国語をローマ字化することを提案しているのである。日本人学者、教育指導者、政治家よりなる国語委員会を早急に設置することをもとめ、その委員会で、如何なる形式のローマ字を採用するかをきめよ、という。

そして新聞や雑誌、書籍や文書を通じて、学校や国民生活にローマ字を採用するための計画を立てることを提言している。ローマ字書きをすすめる理由は、国際間の相互理解を増進したり、知識や思想を伝達したりするのに日本語はじゃまになるからだという。

本使節団としては、いずれ漢字は、一般的な書き言葉として全廃され、音標文字システムが採用されるべきであると信ずる。

音標文字のシステムは、比較的習得しやすく、そのため学習過程全体を非常に容易なものにするであろう。まず、辞書、カタログ、タイプライターやその他の言語補助手段の使用が簡単になる。さらに重要なのは、日本人の大多数が、芸術、哲学、科学技術に関する自国の書物の中で発見できる知識や知恵に、さらに近づきやすくなることである。(中略)この世に永久の平和をもたらしたいと願う思慮深い人びとは、場所を問わず男女を問わず、国家の孤立性と排他性の精神を支える言語的支柱をできる限り崩し去る必要があるものと自覚している。ローマ字の採用は、国境を越えた知識や思想の伝達のために大きな貢献をすることになるであろう。(同上)

ローマ字が採用されると、日本の書物のなかの知識や知恵に近づきやすくなり、学習も容易になる。だから日本人の精神をささえる言語(日本語)を崩し去る必要があるというのだ。これはおかしな論理である。江戸時代、すでに日本人の識字率は世界でも上位にあったことをおもえば、日本人の日本語の読み書き能力にはすぐれたものがみられたのである。ローマ字化は日本を滅亡にみちびく落とし穴であった。

言語はその国の文化の根源をなすものであり、いかなる時代、いかなる政治体制のもとででも最優先で擁護されなければならない知的財産である。普仏戦争のさなか、仏独の国境のまちで、明日からドイツ語の授業が行われるという状況を描いた『最後の授業』(ドーデ著・ポプラ社)で、フランスの教師は「フランス語を守ることは牢獄のカギを持っていることだ」と、子どもたちに訴える。

ポーランドの大人たちは、ナチスに占領された祖国で地下にもぐり、子どもたちにポーランド語を教えたという。母語は国そのものであり、国民の生命力の源泉であることを知っていたからである。

日本語は伝統文化そのもの

ローマ字のほうがタイプライターに打ち込むのに便利だという使節団の安直な発想を、「愚論」としてきびしく批判したのは、福田恆存氏だった。福田氏は、あのイギリスの文豪シェークスピアの作品の翻訳で、なじみぶかい文学者である。

福田氏のいい分は、月までロケットが届く時代にあって、軍拡競争が少し下火になれば、今日の漢字カナ文でも十分に消化できる機械が発明されないともかぎらない。だから、あわてて現在の道具に合わせて国語国字を改造する必要はない(『私の國語教室』新潮社・1960年)というものであった。

先見の明とはこういうことをいうのであろう。福田氏がそう書いてから、およそ20年後に日本語のワープロが登場し、すぐ個人使用のパソコンにも移植され、急速に普及したのだった。

あれやこれやでローマ字の国語化は挫折したのである。

アメリカ教育使節団のメンバーだけでなく、それに同調した日本の学者や研究者たちは、丸谷才一氏がいうように、言葉は過去からの継承として使われ、過去から伝わってきたものであって、時代や個人が突然創造するものではない、ということを忘れていたようである。

わたしたち日本人は日本語でモノを考え、それを表現する。日本語は、長い歴史の試練に耐え、漢字、ひらがな、カタカナと3文字の組み合わせという世界にもめずらしいかたちに整えられた。

漢字の音訓を借りて、日本語を表記する万葉仮名を発明した先人たちや、文語文から口語文を創造した明治の文学者の努力を、わたしはいま、おもいおこす。中村真一郎がいうように、明治維新以後、話し言葉のなかから文章をつくる、つまり口語文をつくることに最も熱心だったのは、二葉亭四迷であり、森鷗外らであった。

二葉亭四迷は、ロシアの作家、ツルゲーネフの『あひゞき』などを口語体で訳し、それが若い作家たちが、小説を口語体で書く道をひらいたし、鷗外は多くの翻訳によって、口語文を文章語に高めるのに尽力したのだった。

文語文から口語文に進化した新文体は、日本人の読み書き能力を飛躍的に高め、情緒を育み、論理的思考力を涵養《かんよう》するのに大きな役目を果たしたのである。こうして、千年余の歴史に、もみにもまれ、鍛えられてきた日本語は、単なる伝達の道具であることを越え、伝統文化そのものとなった。

日本語がローマ字にとって代えられることは、その歴史性、文化性の上に築かれたもろもろの暮らしの仕組みをこわし、それがひいては国をほろぼすことでもあった。ローマ字のほうが世界に通じるという単純、軽薄な発想で葬りさられるほど、日本語は底の浅い言語ではない。

日本人の知が、日本語を守りぬいてきたのである。

第6章 ● 広い視野に立つ『学校図書館の手引』

新しい教育がはじまった

アメリカ教育使節団の訪日を機に、日本の教育改革の熱は高まり、学校図書館にかかわる法律づくりや政策づくりがあわただしさをみせた。

1946（昭和21）年11月3日には、基本的人権や幸福追求の自由が保障された日本国憲法が公布され、1947（昭和22）年3月20日には、「学習指導要領（試案）」が発行される。

この（試案）には、日本の教育の歴史がどんなものであったかが綴られているのだが、序論の「なぜこの書はつくられたか」には、当時の教育行政の地位にあった者たちの、ひそかな思いの一端が表現されているようにおもう。

これまでの教育では、その内容を中央できめると、それをどんなところでも、どんな児童にも一様にあてはめて行こうとした。だからどうしてもいわゆる画一的になって、教育の実際の場での創意や工夫がなされる余地がなかった。このようなことは、教育の実際にいろいろな不合理をもたらし、教育の生気をそぐようなことになった。たとえば、四月のはじめには、どこでも桜の花のことをおしえるようにきめられたために、あるところでは花はとっくに散ってしまったのに、それをおしえなくてはならないし、あるところではまだつぼみのかたい桜の木をながめながら花のことをおしえなくてはならない、といったようなことさえあった。（中略）そのようなやり方は、教育の現場で指導にあたる教師の立場を、機械的なものにしてしまって、自分の創意や工夫の力を失わせ、ために教育に生き生きした動きを少なくするようなことになり、時に教師の考えを、あてがわれたことを型どおりにおしえておけばよい、といった気持におとしいれ、ほんとうに生きた指導をしようとする心持を失わせるようなこともあったのである。

この文章を熟読すればするほど、教育行政に深い影を落としていた軍国主義教育の押しつけや、それに従属していた教育者たちの無気力な姿が目にうかぶ。（試案）は、地域社会の特性や、学校の施設の実情や、さらに子どもたちのくらしの状況に応じて教育内容を考え、授業方法を工夫しようと呼びかけている。

中央統制型教育の対極にある地域密着型教育が提唱されたのである。これが公表されてから、10日後の3月31日には、「個人の尊厳を重んじ、真理と平和を希求する人間の育成」をめざす教育基本法が公布され、同じ日、学校教育法が公布される。5月23日には学校教育法施行規則が制定された。

この規則には、「学校の目的を実現するために、必要な校地、校舎、校具、運動場、図書館または図書室、保健室その他の設備を設けなければならない」と記されている。

わが国の学校教育の原型づくりは、GHQを抜きに語れないのである。教科書以外の多様な学習媒体を使った教育の重視も新鮮な指針であった。

こうしてアジア・太平洋戦争が終わって2年目の1947年は、戦後の新教育がスタートした年となった。学校図書館の冬の時代が終わるかにみえた。

『学校図書館の手引』の刊行

1948(昭和23)年12月には、文部省の『学校図書館の手引』が刊行された。

この「手引」には、古い体制とそのもとで築かれた教育制度が、GHQの民主化政策で崩壊していくさまがよく表現されている。

次のようなエピソードも『学校図書館の手引』の土壌となったようである。

アメリカ教育使節団のひとり、メリーランド州教育局の学校図書館担当員メアリー・グレハムは、日本の学校図書館は鍵がかかり、本はガラス戸のなかにしまわれ、子どもの手の届かない状態にあることを知った。そして、お茶の水女子大学の講演でこう訴えたのだった。

「みなさん、目をつぶって、学校図書館のよい姿を想像してごらんなさい。もし、わたしがステッキをもっていたら、日本の学校図書館で本が鍵のかかったガラス戸の中に閉じこめられているのを、うちやぶってしまうだろう」（深川恒喜「『学校図書館の手引き』編集の前後」「学校図書館」２１０号・１９６８年）。

『学校図書館の手引』は、学校図書館の意義や組織のあり方、設備や運用から学習活動の事例などをあげ、教科書の学習に全力を注ぎ、読書や個人の探究学習を軽んじてきたことを反省している。そうして、学校図書館は新しい教育計画のなかで必要欠くべからざる重要な位置を占めていると明言した。

さらに学校の学習が、あらかじめ決められた教科目と認定教科書に限られてしまえば、民主主義の教育は実現しない、と主張し、そのうえで教科書以外の教材を使った学校教育への転換を提唱するとともに、学校図書館教育の効用については、次のようにまとめている。

（１）学校図書館は、生徒の個性を伸長して行く上に役立つ。
（２）学校図書館は、多くの方面や活動において生徒の興味を刺激し、豊かにする。
（３）学校図書館の利用によって、人間関係や他の人々の社会的、文化的生活を観察させ、さらに批判や判断の態度を養って行くことができる。

（4）学校図書館は、自由な活動の手段を与える。
（5）学校図書館は、専門的な研究の意欲を刺激する。
（6）学校図書館の蔵書は、生徒の持つ問題に対して色々な考え方や答を提供する。
（7）学校図書館は、生徒に望ましい社会的態度を身につけさせる機会を与えることによって、共同生活の訓練の場所として役立つ。
（8）学校図書館を利用することによって、生徒たちに読書を終生の楽しみと考えさせることができる。
（9）学校図書館は、少ない図書を公共的に活用させ、現在を通して未来の文化的建設を助けることができる。

学校図書館がまっとうな地位を得たとき

明治期の学制発布いらい、学校図書館は冷たい仕打ちを受けてきていたが、この『学校図書館の手引』ができたことで、はじめてまっとうな地位を認められるにいたった。人間の文化的な成長は、一生を通じて発展するものであって、学校教育で終わるものではない、という考え方に貫かれ、ひろい視野から学校図書館の機能をとらえている。

学校図書館を利用して、読書の習慣を発展させることができるならば、卒業後の社会生活においても、読書を終生の友とすることができ、公共図書館によって与えられる、いろいろの機会を十分に利用できるとも書く。

学校図書館という舞台で行われる教育の目的については、
①個人個人の人格を発展させること
②独立してものを考える態度を発展させること
③問題を独立して考える態度を発展させること
④図書館および公私の読書施設を利用する能力と技術とを発展させること
⑤社会的な良識と理解を発展させること
⑥図書に対する愛好の念を養い、（略）読書を終生の習慣として発展させること
というふうに記述している。

読書指導については、生徒を読書に親しませ、読書する心と、読書する力をはぐくんでゆくところに、その主眼があると明記してある。

本に親しみ、楽しく読む態度が、子どもの時代に養われなかったら、おとなになってからの読書生活は、きわめて貧弱なものになるという。まったくそのとおりだとおもう。

この考え方は、六十数年あとの時代の読書調査でも裏づけられることになるのだが、生涯にわたって学びつづける人間像を描き、その第一歩は学校図書館から、はじめなければならないという教育の理念に、わたしは深く共感する。

読書教育の基本が示される

『学校図書館の手引』は、編集にかかわった人びとが、文部省の官僚だけでなく、教育学者や図書館の専門家、現場教師で構成されていたせいもあって、広い視野に立ったものといえる。

わたしがそれを感じたのは、「学校図書館を中心とする学習活動の例」の項を読んだときだった。多様な角度から学校図書館を中心とする学習活動の全体像が描かれていた。全部で20項目ほどの例が紹介されており、そのすべてを授業でとりあげるのは欲張りすぎる。そこのところは「…学習活動の例」の前文でも、これらを手がかりにして生徒の学年や発達に応じて、適当な深さにまで発展させて取り扱うよう記述している。

わたしが選んだ6項目を（中略もある）抜書きしてみる。

（1）図書の文化的意義について考えてみる。もし、われわれの生活に図書が一冊もなかったらどうであろう。図書は何のために作られたか。人類はどのようにして字をつくり、図書をつくったか。それはどのように発達して来たか。世界最古の図書はなにか。「図書と文化」という題で文を書く。

（2）読書のわれわれの生活における意義を反省してみる。われわれは読書によって何を得るか。読書の意義を十分に生かすのには、われわれはどうすればよいかなどについて討議する。暇つぶしやおもしろさ半分だけで本を読むというのではなく、読書によって興味や教養をたかめるように工夫する。「読書と生」という題で書く。

（3）読書の方法について研究する。速くかつ正しく読むにはどうすればよいか。読書についての金言や名句を集める。昔のすぐれた人たちはどんな方法を勧めているか。父母や先生の意見を聞く。さらに自分の経験を加えて、みなで多読と精読との得失を討議する。読書法のいろいろの注意を表にしてみる。「本を読め、本に読まれるな。」ということばの意味について考える。（中略）「私の読書法」という題で考えをまとめてみる。

（4）現に世上に現れている図書について調べる。グループで手分けして、広告によって書店に行き、最近どんな図書が出版されているかを調べてみる。それらを持ち寄って、出版傾向を考える。出版に関するいろいろの統計や広告を手に入れる。自分たちの希望や必要に応じているか。業者は読者のために出版していると思われるか。営利のためにばかり出版しているような傾向はないか。これらのことから、世上の図書に対してとるべき自分たちの態度を話し合う。

（5）良書の選択がなぜ必要かを考えてみる。良書とはどんな本か、不良書とはどんな本かを討議する。学校図書館に対して自分たちが選んでほしい図書の希望を申し出る。

（6）学校図書館は何のために設けられているか。これについて考えられることを討議して、いろいろあげ、それを整理して表にする。

理想的な教育の姿

この6項目を通して、浮かびあがる教育の姿はまさにいま、求められているものである。権威や力で抑えこむのではなく、子どもたちの思考力や表現力、コミュニケーション能力の育ちを支援しようという方向性がはっきりしている。

文字や図書の誕生、そしてその歴史を考えることは、人類の文明史に迫る学習となろう。読書はなぜ必要かの論議を深めることは、先人たちの知識や知恵を学び、いろいろな人生があることを学ぶ手がかりとなるはずである。いや、何よりも書物は、人の一生にわたって所有できる最良の財産だということを知るにちがいない。

学んだことを文章に書きあらわすことは、自分の思いを書き言葉でまとめたり、課題を整理したりする能力を育て、論理的思考の訓練となる。書店をめぐり、出版物の傾向を調べることは、豊かな書物の海を航海し、ひろい社会や世界と自分とをつなぐことなのだ。

最後の（6）は、学校図書館について考えようというものであるが、これも深みのある授業になろう。学校図書館は、その学校の精神的な肖像《しょうぞう》ともいえるものである。4千年前、メソポタミアに生きた人びとは、文字をつくり記憶を守り伝えた。それはやがて書物となり、人びとがひろく知識や知恵を分かち合う手段となった。本が人びとにもたらす力であり、学校図書館はそうした悠久の文明の所産が詰まった空間なのだという。私はこの文章が、70年も前に世に出ていたことに驚きを禁じえない。

新聞活用教育への提言

『学校図書館の手引』は、新聞の活用教育についても多くのページを割いて、その必要性を訴えている。学校図書館への新聞配備は、子どもと世界をつなぐ窓になるといっていい。わが国では２０１６年の参議院選挙から選挙権が18歳以上に引き下げられ、それにともなう主権者教育には、新聞を使った授業が欠かせない。

新聞の活用教育は、教室と社会をつなぐ役割を果たすばかりでなく、子どもたちの表現力や文章能力を向上させる教材として有効である。文部科学省や民間の読書調査でも新聞を読む生徒の全国学力テストの平均正答率は高い傾向にあると報告されている。情報過多といわれる時代にあって他のメディアにくらべて、国内・国外のあらゆるできごとを記録し、伝えるという網羅性があり、報道内容の正確さに信頼度が高い。

『学校図書館の手引』は、このときすでに新聞活用教育の価値を認め、社会科やそのほかの教科でも、新聞を教材として使うことを主張していたのである。若者たちが社会生活に慣れ、よき社会人となってゆくためには、新聞の機能・性格・経営、その読み方・扱い方の一般について、理解を得ておくことは、きわめて重要なことだといい、批判的読み方を勧めている。

「新聞の記事は社会の縮図といわれるように、あらゆる社会事象にわたり、きわめて豊富であるが、同時に雑多であり、断片的である。よいところもあればわるいところもある。ときには矛盾もある。そこでこれらに対し、批判的な見方をするとともに、記事によって国内外の大勢を知るに努めるべきである」

社説、評論、政治経済面、海外情報などを注意深く読み、これを単行本、論文、教師の指導、人びとの言論、自分の経験によって補わなければならないという。そして各学校は新聞を3部とって、1部は全紙保存、2部は切り抜きにする、とこまかいところにまで言い及ぶ。

『学校図書館の手引』の内容は、アメリカ教育使節団の学校図書館教育という新鮮な発想に依拠し、それを大胆に取り入れ、日本の学校教育の構造そのものを変革する方向性を明示しているようにおもえる。改革の実践をつみかさねて、日本語の力を立て直そうという心意気が随所にみられるからだ。

これほどすごい教育提言があったのに、日本の教育界はそのことを棚ざらしにしてきた。その後、学習指導要領は何度となく改められてきたが、わたしは、この『学校図書館の手引』以上に説得性のある書きっぷりに出会った記憶がない。しかしどれだけの人が、この手引の存在を知っていたのであろう。

学校図書館法が制定されるのは、この「手引」が発刊されてから4年後のことであった。

第7章●政治に泣かされた学校図書館法

国立国会図書館

国立国会図書館法が公布されたのは、1948年2月9日だった。国立国会図書館は、「真理がわれらを自由にするという確信に立って、憲法の誓約する日本の民主化と世界平和とに寄与することを使命」とする。この高邁《こうまい》なる使命感は、言論や出版の自由をはじめ、民主主義に不可欠なものを擁護する心構えを誓ったものといえるだろう。

国会議員や政府に対してサービスを提供するところは、アメリカ議会図書館と似ている。いっぽう国立国会図書館には、法定納本制度の定めにもとづき、国内で印刷されたすべての出版物や、海外で制作された日本にかかわる資料が寄せられる。まぎれもなく日本の図書館界の頂点に立つ「国立図書館」である。

そのことは国立国会図書館法が、図書館の組織や図書館奉仕の改善について、都道府県議会、地方議会、公務員、図書館人を援助することとか、日本の図書館資料資源に関する総合目録や、全国の図書館資料資源の使用に必要な目録とかの作成のために、あらゆる方策を講ずるとした点からも理解されよう。

学校図書館法は、国立国会図書館法をはじめ　アメリカ教育使節団報告書、日本国憲法、教育基本法、『学校図書館の手引』を基盤に制定されたと言っていい。すでに述べたような戦後の教育改革の機運のなかで、図書館を活用した教育の大切さが論じられるようになり、それが学校図書館法の制定の流れをかたちづくったのだった。

その中心になったのは、全国学校図書館協議会と日本教職員組合であり、それに共感した超党派の国会議員たちだった。学校図書館法の最終案には、専任司書教諭と同じものとされる「免許制司書教諭制度」の導入が盛りこまれていたので、この法案が成立すれば、司書教諭は学校図書館の専任として就任するはずだった。

法案は、1953年3月の参議院文教委員会に、議員立法として提案されることになっていたが、不幸なことに憲政史上も名高い「バカ野郎解散」で、提出寸前にふきとんでしまった。

バカ野郎解散と言語能力

53年2月28日の衆議院予算委員会で、右派社会党の西村栄一議員の質問に対して、当時の吉田茂首相が「バカ野郎」と暴言をあびせた。毎日新聞が報じた当日の質疑のようすが、『戦後50年』（「毎日新聞社」）に掲載されているので、その一部を抜き書きしてみよう。

西村　首相は国際情勢を極めて楽観しているようだが、いかなる根拠に基づくか。
首相　アイゼンハワー米大統領、チャーチル英首相をはじめそのような見解を語っている。
西村　私は欧米政治家の見解を聞いているのではない。日本国首相として答弁されたい。
（この一語に憤然と席をたった首相は手にした書類で卓を叩きながら）
首相　私は日本の総理大臣として答弁したのである。
（こみあげる憤怒に堪えきれぬといった表情で語尾も震えている）
西村　首相は興奮せず答弁されたい。
（とヤユ的にたしなめにかかると、首相は自席に中腰のまま「無礼なことをいうな」「無礼者ッ」「バカヤロー」と続けざまに低いが全議場に聞こえるような激しい声でいう）
西村　何が無礼だ。
首相　無礼じゃないか。
西村　質問しているのに何が無礼だ。日本国の総理大臣として答弁できないのか。
首相　バカヤロー。

西村議員は、このあと発言の取り消しを求め、首相も「不適当と思うからはっきりと取り消す」と発言する。しかしこれで幕が下りたわけではなかった。これを機に自由党内の反吉田派が離反し、３月14日、野党提出の内閣不信任案が成立して即日解散となった。この解散は「バカ野郎解散」と命名された。こうした政治の混乱で、提案寸前にあった学校図書館法案は審議未了廃案になってしまったのだ。

「首相の暴言」といえばそうなのだが、そういう単純なものではないようにおもえる。議事録を読むとよくわかるのだが、西村議員との質疑で浮かび上がってくるのは、吉田首相の言語能力のとぼしさである。あいての主張を「聞く力」に欠けているので、西村議員の質問の趣旨が理解できなかったのかもしれない。今風の言葉でいえば、キレたわけである。キレることはだれにでもあることなので、総理大臣もそうした人物であることに変わりがなかったのだ。

吉田首相は、東京大学を卒業したあと、外務省に入り、戦前は外交官としてイギリス大使を務めている。戦後は外務大臣をへて通算7年2か月、首相の地位にあって、日本の政治を指導したエリートだ。「私は再軍備などを考えることは愚の骨頂であり、世界情勢を知らざる痴人の夢であるといいたい」（吉田茂『回想十年（中）』中公文庫・１９９８年）といいきったほどの政治家でもあった。

しかし、大事な場面で「無礼者」とか、「バカヤロー」とかの罵声《ばせい》をあびせる態度は、国会の威信をおとしめるとともに、質問者に対する礼節や敬意を失い、人間としての情緒の欠如さえも感じられるできごとであった。

いまもなお、政治家の言葉の貧しさが国会を大混乱にみちびくことはしばしばである。

言葉は品性の鑑《かがみ》

わたしはいま、鈴木貫太郎という政治家のことを想いだしている。この方は、連合艦隊司令長官や侍従長などの要職を務め、1945年4月、混迷をきわめる内外情勢にあって、内閣総理大臣に推挙《すいきょ》される。太平洋戦争を終結に導こうとしたが、軍部の圧力で挫折し、8月15日の終戦とともに辞職したのだった。

アメリカ大統領のルーズベルトが亡くなったのは、45年4月12日であった。ルーズベルトは、世界が二つの陣営に分かれて戦った第2次世界大戦の一方のリーダーであり、日本やドイツとも交戦中の敵の大将であった。

ルーズベルトの死に対し、ナチスドイツのヒットラーは「運命が史上最大の戦争犯罪人、フランクリン・D・ルーズベルトを地上から取り除いたこの時点において、戦争は決定的な転機を迎えるだろう」という声明をだす。

鈴木首相は、ルーズベルトの死に臨み、その長年の指導力を称え、「大統領の逝去がアメリカ国民にとって非常なる損失であることがよく理解できる。ここに私の深甚なる弔意を米国民に表明する次第です」（五百旗頭真『米国の日本占領政策（下）』）と、追悼の意を表明した。

アメリカのジャーナリズムは、ヒットラーの言葉と対比しながら、こぞって、「日本の老首相の人物の大きさから生まれたものである」と、アメリカにとっては、敵国の首相の礼節と高潔な精神を絶賛したのだった。

鈴木首相の言葉は、いかなる場面に出会っても、失ってはならない人間の情緒力の大事さを教えているとわたしはおもう。情緒力とは、他人の痛みを自分の痛みとして感じとる心にほかならない。それがあったからこそ、敵国の指導者の業績を称え、アメリカ国民の深い悲しみを悲しみとして感じとり、言葉に表現できたのだとおもう。

学校図書館法の成立

寄り道してしまったようである。

話をもういちど、『学校図書館の手引』に引きもどすと、文部省は、当初、学校図書館の充実とその活用教育に非常に熱心だった。過去の学校教育は、教科書の学習に全力が注がれ、課外の読書や探究学習を軽視してきたことを深く反省していたのだ。新しい教育の計画には学校図書館は必要欠くべからざる重要な位置にあると言っていたほどである。

それを裏づけるように、『学校図書館の手引』を全国の学校に配布し、その宣伝・普及のための講習会を千葉県・鴨川や奈良県・天理で開いた。わたしが偉人伝に親しんだ生駒小学校のN校長は、この講習会で洗礼をうけたらしい。これらの講習会は、学校図書館に対する文部省の熱気を感じさせるものであった。しかし、その熱気はまたたく間に冷めてしまった。

一大転機は1947年に到来した冷戦時代の始まりであったろう。第2次世界大戦のとき、おなじ連合国であった東側のソ連と、西側の欧米諸国とのあいだで対立が深まり、極東における日本は、ソ連や中国といった対共産主義の防波堤として位置づけられるようになった。それまで日本の非軍事化、民主化を進めてきたアメリカの占領政策が大きく軌道修正されたのである。

そうして52年（昭和27）年11月、吉田首相は施政演説で「戦後の教育改革については、その後の経験に鑑《かんが》み、わが国情に照らして再検討を加えるとともに、国民自立の基礎である愛国心の涵養と道義の高揚を図り、義務教育、産業教育の充実とともに、学芸及び科学技術の振興のために努力を払う」とのべるに至った。

この「教育改革再検討」の演説は、「アメリカ教育使節団報告書」や『学校図書館の手引』に見られる教育改革にブレーキをかけることになった。文部省はこれまでの態度を180度変えた。学校図書館法案の政府提案にしりごみし、あの『学校図書館の手引』を刊行したときの熱気や気迫はどこにもみられなくなる。

社会党の大西正道議員や改進党の町村金五議員らは、学校図書館法案提案の努力をつづけ、超党派の議員立法で衆参両院に提出し、制定されたのは1953（昭和28）年8月8

日、施行されたのは54年４月１日だった。

法律の内容は、「バカ野郎解散」で廃案となった法案に比べると、かなり見劣りがする。そのひとつは当初、法案にもりこまれていた司書教諭の扱いは免許制で、専門職・専任だったのに、「教諭をもって充てる」という〝充て職〟に落とされ、しかも附則で「当分の間、置かないことができる」と、事実上、司書教諭配置はおあずけにされていたのである。

学校図書館法の不幸は、その後もつづいた。

１９５６（昭和31）年には、学校図書館法制定の中心となった大西正道議員、全国学校図書館協議会の松尾弥太郎事務局長、平凡社の佐藤征捷常務の３人が、増収賄事件で摘発されたのである。この摘発は、教育界にとって大きな衝撃となった。間の悪いことにこの事件は、教育・図書館の関係者がつぎの改革に向けて気持ちを立て直していた矢先のできごとだったのだ。

一審の判決は、松尾、佐藤から大西への金銭の流れがあったことを認めたものの、賄賂性はないとして無罪となった。二審の東京高裁は、公判中に死亡した大西議員をのぞき、松尾に７万円、佐藤に５万円の罰金刑をいいわたした。最高裁は二審を支持し、刑が確定した。

このころ、造船疑獄や昭和電工疑獄という政権を揺るがすほどの汚職事件が相次いでいたので、学校図書館をめぐる事件は、規模としては小さくみえたけれど、教育にかかわる事件だったので、世間の関心の度は高かった。

この収賄事件は、学校図書館に期待する世間の期待を裏切り、その具現への道を嶮《けわ》しいものにしてしまった。しかし、悪いのは人間たちであって、学校図書館が、学校教育に欠かせない設備であり、そこには想像力や創造性をはぐくむための本や、情報源となる新聞、事典などが必要であることには、なんら変わりはなかったのである。

司書教諭配置の猶予という事態になったものの、学校図書館が法的な根拠をもったことは大きな前進ではあった。

第8章 司書教諭の配置義務までの遠い道のり

改正案はすべて成立しなかった

学校図書館への司書教諭配置をめぐる事情について、考えてみたいとおもう。学校図書館法は「学校図書館の専門的職務を掌らせるため、司書教諭を置かなければならない」（第5条）とうたったが、さきほども述べたように、附則に「学校には、当分の間、第5条第1項の規定にかかわらず、司書教諭を置かないことができる」と書き込まれた。この附則のたった4文字の「当分の間」をとりはずすために、莫大《ばくだい》なエネルギーと時間を消費することになる。

文部省は当時、この「当分の間」について、「司書教諭の養成は急速にできない。指導者もいないので10年間を予定している。全国的には10年間をもって全校配置を終える」という趣旨の説明をしていた。しかしこの「当分の間」は、10年どころか、その後44年にわたって、自治体が司書教諭を発令しない法的根拠でありつづけた。

司書教諭の発令を求める運動は、１９５３年に学校図書館法が成立した直後から始まっていた。運動の中心となっていたのは、日本教職員組合（略称・日教組）と全国学校図書館協議会（略称・全国ＳＬＡ）であった。

このころ、わが国の政治は、自由民主党と日本社会党の二大政党時代、いわゆる「55年体制」と呼ばれていた時分で、社会党もそれなりの力を保持していた。日教組は１９６１年、社会党を通じて、第５条の「司書教諭」を「司書教諭及び司書助教諭」と書きかえる学校図書館法改正案を提出する。

これは司書教諭を配置できない場合は、補助職員として助教諭を配置する、というものであったが、いま吟味してみると、あまり褒《ほ》められた内容のものではない。「司書教諭は教諭をもって充てる」とした法精神に照らしてかなりの無理があったし、司書教諭中心から司書助教諭中心に重心が移動するようなイメージが強い。この改正案は審議未了廃案となった。

63年にも社会党ルートで、附則の「当分の間」を削除する改正案が提出されたが、具体的な審議は行われないまま、またもや審議未了廃案となってしまった。全国ＳＬＡも自民党ルートで改正案を提案する準備をすすめていたが、こちらは法案上程にいたるまでもなく、国会が閉会してしまった。

全国ＳＬＡ、日教組、日本高等学校教職員組合（略称・日高教）の一橋派、麹町派の４者が連携して学校図書館法改正にむけて足並みをそろえたことがあった。

１９７５年の夏には、合意事項をまとめた「覚え書」が交わされる。覚え書に記された合意事項は、14項目にのぼるのだが、ここではポイントと思われる4項目を抜き書きしてみる。

①学校には司書教諭を置かねばならない。
②司書教諭は学校図書館に関する公務を掌るものとする。
③学校司書の制度を法制化する。
④学校司書は教育公務員特例法上の教育職員とする。

この合意事項を土台にして4者は「学校図書館法改正法律案要綱」をまとめ、日本社会党をつうじて衆議院法制局に法案作成を依頼する。この4項目をひと目見てわかることは、司書教諭と学校司書の二つの職種を配置することが明記されていることだ。

しかも、この二つの職種は、どちらも教育職2等級と位置づけ、司書教諭は、学校図書館に関する「校務」をつかさどり、学校司書は、学校図書館の専門「業務」にあたるとされている。

法制局の見解は、まことにきびしいものであった。司書教諭と学校司書の職務規定については、二つの職種がおなじ2等級である以上、職務を分けることはできない、2職種配置を実現するためには、新しい学校司書制度の創設いがいにない、その場合は教育職3等級となる、というものであった。

これは４者でまとめた合意事項の論理のよわさを指摘したものであった。この法制局見解が示されたあと、４者間の意見調整は混迷を深め、共闘関係のほころびが目につくようになった。日教組は、２職種配置を放棄して、「学校図書館の職員は一本化する」という方針を打ちだす。

２職種配置については、教育現場からもきびしい見方がだされた。学校司書（３等級）と司書教諭（２等級）の二つの職種が配置されると、司書教諭は中間管理職として処遇され、学校司書はその助手とされるおそれがあり、学校図書館に専任職員を配置する道も遠ざかるという危機感をつのらせたのである。日教組の「一本化方針」は、そうした現場の意見に配慮したすえの選択であったが、全国ＳＬＡは「一本化」に同意せず、４者の共闘は崩壊する。

もともと、学校図書館法改正にあたって、全国ＳＬＡは司書教諭の配置を優先し、日教組は、「学校司書の処遇」を重視する趣があった。基本のところで考え方に相違があったのだが、それを調整する力量にとぼしく、おなじ線路を走れなくなったのである。

かえりみて学校図書館法改正案は、１９６１年の国会提出を手はじめに63年、69年、72年、73年と５回にわたったが、最後の改正案も審議未了廃案となった。これを機に、法改正をめぐる動きは、事実上、凍結されることになる。

44年ぶりの学校図書館法改正

解凍作業がはじまったのは、約20年後の1991年に入ってからだった。89年に参議院議員の議席をえたわたしは、国連で採択された「子どもの権利条約」の国内批准の採択を進める論議に参画するため、当初外務委員会に所属していた。はじめて参議院文教委員会で質問に立ったのは、91年11月21日。国会議事録を読むかぎり、実際の解凍作業はこの日からはじまったといっていい。

わたしの初質問は、学校図書館法の本則では、「司書教諭の配置」を明記しながら、附則に免除規定があるのは、「なぜか」という素朴なものであった。政府の答弁は、「司書教諭の有資格者が各学校に配置されるまでには時間がかかるので、特例として当分の間、置かないことができるとした」であった。

この問題に関する国会審議のもようは、『「本」と生きる』（ポプラ社・2014年）に詳細を記してある。わたしとのやりとりの中で、鳩山邦夫文部大臣は「司書教諭が発令されない原因、学校図書館の使用状況などを調査する」と答弁する。

この答弁が、文部省の学校図書館悉皆調査の実施、学校図書館図書標準の設定、学校図書館図書整備5か年計画の策定、子ども読書年に関する国会決議、子どもの読書活動の推進に関する法律の制定、そうして司書教諭配置の義務化をうながす学校図書館法改正など、

90年代から２０００年代初頭までの一連の制度・政策づくりをうながす引き金となった。

当時、わたしが所属していた日本社会党も、学校図書館に関心を寄せ、１９９３年には衆議院本会議で赤松広隆書記長が、「これからの学校教育は、学校図書館を重視したものに変えるべきだ」と質問し、細川首相から「図書館の果たす役割は大きい」という答弁を引きだした。

日本社会党は、95年に学校図書館法改正案をまとめ、国会提出の準備にとりかかる。提出寸前まで運ぶことができたのだが、会期末の時間切れで見送られた。96年6月18日には自民党、社民党、さきがけの与党3党で、前年の社会党案を引き継いだ改正案の趣旨説明が参議院文教委員会で行われる。しかし、このときもまた、継続審議となり、しかも9月27日の衆議院解散で法案は廃案となってしまった。この学校図書館法は、よほど運のない法律なのであろう、生れたときも、その後も順調な育ち方を見せたことがない。

96年の10月、1年半ぶりにこんどは衆議院議員（民主党）として国会にもどってきたわたしは、引きつづき、学校図書館法改正にむけて再起動した。再起動にあたって、心に決めたことがあった。それは一政党が「われがやった方式」の有権者向けの媚《こ》びた視線を捨て、会派をこえた結束力で突破することであった。

さいわい、わたしは「子どもと本の議員連盟」（会長　鳩山邦夫：衆議院議員（当時））と、「国際子ども図書館設立推進議員連盟」（会長　村上正邦：参議院議員（当時））の事務局長の任にあったので、二人の会長に、「議員連盟として学校図書館改正法案を国会に提出したい」と提案した。二人の会長は、ややこしいことは何ひとつ言わないで、たったひとこと、「やりましょう」と頷《うなず》いてくれた。

元文部大臣の鳩山さんと、参議院のドンと恐れられていた村上さんの決断は、学校図書館法改正の流れを一気に加速させることになった。97年4月25日には、村上さんの影響力が絶大な参議院に、超党派の議員が名を連ねた「学校図書館法の一部を改正する法律案」が上程された。5月8日には参議院文教委員会で可決され、翌日9日には参議院本会議で可決・成立し、衆議院に送付されるという手早い運びであった。

衆議院文教委員会で可決されたのが5月30日のことで、6月3日には衆議院本会議で可決・成立し、44年間関係者をなやませた「当分の間」は、次のような一文によって解放された。

学校には、平成15年3月31日までの間（政令で定める規模以下の学校にあっては、当分の間）、第5条第1項の規定にかかわらず、司書教諭を置かないことができる。

1953年の学校図書館法制定から、じつに44年の歳月を経て、附則第2項の「当分の間」が2003年3月31日をもって消滅し、司書教諭配置が義務化されることになったのだ。あっけなく解決したようにもみえた。44年も改正できなかったものが、超党派の議員連盟が動きだすと、わずか1年足らずで、改正案は衆参両院を通過したのである。このとき、わたしは物事の運び方の手段と方法について、全身でまなびとったようにおもう。

わたしが参議院文教委員会ではじめて学校図書館について質問した91年３月、司書教諭の発令を受けた者は、私学も含めて小学校59人、中学校94人、高等学校３８９人というわずかなものであった。わたしはこの役人の答弁に思わず耳をうたがった。

こんな貧しい数字が国会論議で公開されたのも、この日が初めてだった。めぐまれない生い立ちの学校図書館法は、制定されたのちも、その具現のようすが検証されることもなく、立法府からも行政府からも見捨てられた状態にあったことを、わたしはおもいしらされた。

法改正後、司書教諭の発令は進捗《しんちょく》した。わが国の公立の小学校、中学校、高等学校、特別支援学校、中等教育学校の総数は3万５８１８校である（２０１５年度）。このうち、司書教諭を発令した学校総数は2万３７１８校、66・2％。司書教諭の義務配置の対象となる12学級以上の学校数は1万９８０８校、司書教諭発令数は1万９３２５校、97・6％となっており、12学級以上の学校はほぼ司書教諭が発令されている。法律の効用とはこういうものかもしれない。

ただし、法改正にあたって、文部科学省からは「今、専任にこだわると一歩も前に進めませんよ」とくぎをさされた。法改正のチャンスをのがしたくなかったわたしは、「よし、一歩でも進もう」と決断した。だが、この時の判断が正しかったのかどうか、いまでも自問自答している。

現在、文部科学省の資料を読むかぎり、専任の司書教諭はほとんど皆無に近いようであり、すべてが教科授業との兼務とみてもよさそうである。司書教諭の授業時間を軽減している学校数も1810校で、その割合は8・7％に過ぎない。この数値からすると、教育現場から専任司書教諭の配置や授業軽減措置を求める声が出て当然だとおもう。

司書教諭の苦悩と希望

全国SLAも、日教組もいまは、それぞれの立場で司書教諭の専任を主張している。授業やクラス担任との兼務では、図書館業務を十全にこなせない現実から考えて、この主張にはうなずける。

教育現場を歩いていてわたしは、司書教諭の内面の葛藤を肌で感じるときがある。教師は、子どもたちに物事を教えることにあこがれて、その道を選びとった人たちである。クラスを担当し、算数や社会や国語やらを教えたいという強い望みをもって教壇に立つ。司書教諭の発令を受けた教師だって、そのおもいは同じである。

しかし専任の司書教諭として学校図書館に勤務場所が変更されると、それなりの覚悟が必要となる。クラス担任からも、教科授業からもはずれることになるからだ。教職員集団から孤立するかもしれないという思いも強くある。そのことを口にする司書教諭はすくなくない。「教科を教えたいから教師になった」というのである。これは教師としての大義であり、本音であり、誰も否定できるものではない。教育現場を訪れたときや、講演会の質疑でも、そんな声がわたしの耳に聞こえてくる。学校図書館を下に見る気配はまだ現場にある。

ときおり、「読書活動は司書教諭の仕事」とか、「言語活動は国語の担当の先生の仕事」とかの主張にも出会う。教育環境や子どもたちの学び方の変容をみると、学校図書館活用教育は、時代の要請である、とわたしは感じとるのだが、教育現場では、まだ、それが共有されていないのであろう。専任司書教諭になると「孤立するのではないか」という不安も、その出どころは、学校図書館活用教育の浸透が未成熟な学校文化の土壌にあるようにおもわれる。

わたしはこうおもう。司書教諭は、特定の教科にとらわれず、学校図書館活動を通じて全教科にかかわり、教科書以外の図書や教材を活用した新たな教育のたえざる創造をめざす仕事である、と。

わが国の教育も板書中心の授業から、子どもが自ら考え、調べ、まとめて、それを発表したり、子ども同士で討論したりする学びかたを採用しつつある。もちろんそれは、過去の教育方法に上書きしてすべてを消し去ることではない。

教科書を中心に、教師が教え込む授業だけでは高度情報化社会に生きる子どもの生活意識に対応できないという事情がある。みずから学ぶ力も習得させ、生涯にわたって学び続ける力を子どもたちに体得させることが必要なのである。それは、現代の社会が求めている「新しい力」の育ちを支援することでもある。

ここでいう「新しい力」とは、学校図書館活用能力のことである。図書館は、本や新聞、図鑑や百科事典、パソコンによる検索など豊かな情報（知識）の貯水池である。そうした知のかたまりから、自分が必要とするものを取りだし、それを分析して評価し、はなし言葉や書き言葉にまとめて他者に伝える。

これは、情報化社会とグローバル社会に対応していくための基本的な学力といえるだろう。この新しい学力を養うためには、学校図書館の活用能力を身につけ、探究学習の仕方を骨の髄まで刷りこませる必要があるとおもう。

探究学習の大切さについては、すでに多くの教師が、これまでの「総合的な学習時間」や「選択教科時間」の授業のプロセスを通じて気づいたことなのにちがいない。学校図書館を使って、子どもたちの学習意欲をひきだす探究学習の拡大に努める教科担当教師の姿もめずらしいものではなくなった。

教科書だけでない視点から子どもたちとの関係を築いたり、学校図書館の機能と役割を学校教育の中に根づかせようとしたりする情熱に燃えた教師も増えつつある、これは、日本の教育の未来にとって希望である。

教育改革のカギは、学校図書館にあり、司書教諭はその扇のかなめとなる。学校図書館を活用した教育目標や全体計画を立案し、各教科の授業が学校図書館と接点を持つようにみちびき、他の教師に対する助言の役目も担う。学校司書とも密接に連携し、図書資料の選定・収集・廃棄の責任もわかちあわねばならない。司書教諭がそうした職務を遂行するには、教科授業やその他の業務を軽減するなど学校ぜんたいの配慮が欠かせない。

学校図書館をより内容の豊かなものにするには、学校運営に全責任を負う学校長が、図書館長として、強力なリーダーシップを発揮すべきである、とわたしはおもう。

第9章●すばらしい学校図書館法

ひとしく子どもを抱きしめる学校図書館

ここで、あらためて学校図書館法の内容に立ち入ってみる。

第1条は、学校図書館の目的を明確に定めている。「学校図書館が、学校教育において欠くことのできない基礎的な設備であることにかんがみ、その健全な発達を図り、もって学校教育を充実することを目的とする」。

この条文を読み返しながら、教科書以外の書物や資料から目をそむけてきた過去の学校教育との別れを実感するむきもあろうかとおもう。

学校図書館には、本や雑誌、新聞や図鑑、百科事典など印刷された多彩な出版物を集めなければならない。昨今のパソコンやインターネットや音響機器、電子端末など新たな教材も備える必要があろう。多様な印刷文化と電子文化とが蓄えられた図書館は、そのこと自体が民主主義そのものなのである。

学校図書館には、思想や良心の自由がある。信教や言論・表現の自由もある。こうしたとりどりの文化的所産は、子どもたちに自分のことだけに専念する人間ではなく、他者の悲しみや痛みにも、心をくばる人間になってほしいという願いをかけている。

すべての子どもに門戸をひらき、居住地や身体的条件、保護者の経済事情がちがっていても、そんなことにこだわらず、学校図書館は、ひとしく子どもを抱きしめてくれる。

これは、この世の差別や隷従や圧迫を永遠に取り除こうという日本国憲法の精神を表現したものとおもう。学校図書館は、子どものいのちと書物のいのちとをまもるうえで、もっとも安心・安全なすみかといえるだろう。

さまざまな教材で授業を創る

第２条は、学校図書館とは何かを定めている。

　この法律において、「学校図書館」とは、小学校（義務教育学校の前期課程及び特別支援学校の小学部を含む。）、中学校（義務教育学校の後期課程、中等教育学校の前期課程及び特別支援学校の中学部を含む。）及び高等学校（中等教育学校の後期課程及び特別支援学校の高等部を含む。）（以下「学校」という。）において、図書、視聴覚教育の資料その他学校教育に必要な資料（以下「図書館資料」という。）を収集し、整理し、及び保存し、これを児童又は生徒及び教員の利用に供することによって、学校の教育課程の展開に寄与するとともに、児童又は生徒の健全な教養を育成することを目的として設けられる学校の設備をいう。

法律の内容は、アメリカ教育使節団の「異なった世界観を表明している書物や論文への接近の機会をあたえる」と記した報告書をつよく意識しているようである。多様な教材を使って、新しい授業をつくるということを暗に求めている。

さいごの一文、「学校の教育課程の展開に寄与するとともに、児童又は生徒の健全な教養を育成する」の言葉も、意義深いものに感じられる。ここでいう教養とは、「読み・書き・聞く・話す」という基礎的な言語能力を基盤に、人間やもろもろの社会事象・現象を認識する力のことだと理解する。

言語力が、情報を伝達し、情報を受けとるうえで最重要なのは論をまたない。それを養うには学校図書館が最適の場といえるだろう。しかし学校図書館は、人と図書資料と設備の三つのとり合わせが必要なのだが、いずれも満たされた域に達しているわけでない。学校図書館を利用した授業の実践もひろがりに欠け、多くの教師が学校図書館の存在価値に気づいていないようにおもわれる。

すこし横道に入ることになる。

１９９０年代の初頭、学校図書館の実態を知りたいと思って、わたしは大阪近郊の小学校を訪ねた。図書館担当の教師は、「図書館は児童が暇なときに本を読むところ。そんな暇はないから鍵をかけています」といった。

この教師は、子どもが自主的に探究学習したり、教育課程の展開に寄与したり、健全な教養をそだてたりする役割が、学校図書館にあるということには、おもいもおよばなかったにちがいない。

この学校に赴任して2年目の校長も同じであった。図書館を案内してくれたのだが、「図書館に入ったのは初めてです」といっていた。黴臭《かび》く、湿気を含んだ空気が充満し、人の気配に驚いたネズミが勢いよく走り、本棚にはクモの巣がみえる。これはけっしてオーバーな話ではない。

それから20数年後の現在、全国の学校図書館は総じて改善されつつあるけれど、いまも鍵のかかった学校図書館は存在するし、昼休みと放課後の時間しか開けない学校もある。図書館は依然、授業の合間に子どもが本を読む場所とされ、子どもの探究学習や各教科の授業に使うという考えはまだまだ少数のようにおもえる。

わたしの小学校、中学校、高校時代は黒板と教卓に向かって、子どもの机がきれいな列をつくり、教科書とノートを並べるのがふつうだった。教科書を中心にした教師の説明と、白いチョークで板書されたものを書きとって暗記する。その暗記力が中間テストや期末テストの成績を左右したのだった。

この学習方法は、子どもが基礎的な知識を身につけ、国民の識字率を底上げするという効果をもたらした。けれども学校図書館法が施行されたとき、国民は、この法律のめざす方向はどのようなものなのか、しっかりと見定めることが重要であったとおもう。

人類の知を伝える

第3条に、わたしは魅かれる。それは他に比べて、法文が美しいとか、心地いい味わいがあるとか、そんなことではない。条文の文言は「学校には、学校図書館を設けなければならない。」とじつにシンプルである。

学校図書館法の第1条が、学校図書館は学校教育に欠くことのできない基礎的な設備であるとうたいあげたことと、第3条で学校図書館の必置義務を明瞭にしたこととはつじつまがあうのである。

興味が深いのは、学校にはたくさんの設備、たとえば、校地、校舎、運動場、保健室、体育館など教育設備はたくさんあるのに、学校図書館だけが、なぜ、独立した法律で保護されるにいたったのか、ということだ。その疑問を解く手がかりを、学校図書館法案の提案理由に求めることにした。それを要約すると次のようになる。

衆議院。学校図書館は資料を活用して読書指導を徹底したり、それを利用したりして、社会的民主的な生活態度を経験させるなどの大事な地位にあるのに、これまで法的措置がとられず、そのために財政や人的配置に支障がでていること（与党議員）。

参議院。学校図書館は児童生徒の自発的学習に必要な図書、資料を収集・整備し、提供する設備であり、法制化を図ることで資金難や人手不足を解消する必要があること（野党議員）。

大まかにまとめれば、これが衆参両院の法案提出の理由ということになる。学校図書館法が制定された１９５０年代初頭、図書館や図書室を備えた小中学校は、全体の４割に過ぎないものであった。

しかも設置状況は都市部にかたより、図書費の90％はＰＴＡや児童生徒、職員の集めたカネで運営され、地方公共団体の支出はわずか10％という事情があった。学校図書館法は、そうした貧困な学習環境から、子どもたちを解き放ちたいという願いをこめて施行されたのである。

学校図書館は、人類の記憶を守り伝え、過去に生きた人びとと、今を生きる人びとの経験に学び、その知識を分かち合うことのできる設備である。そして書物や教材は、過去から未来にわたって、大きな力を子どもたちにもたらすものであり、独自の法律で守られるのは、理にかなったことであった。

子どもに図書館の使い方を教える

第4条は、学校図書館の運営について定めている。

1　図書館資料を収集し、児童又は生徒及び教員の利用に供すること。
2　図書館資料の分類排列を適切にし、及びその目録を整備すること。
3　読書会、研究会、鑑賞会、映写会、資料展示会等を行うこと。
4　図書館資料の利用その他学校図書館の利用に関し、児童又は生徒に対し指導を行うこと。
5　他の学校の学校図書館、図書館、博物館、公民館等と密接に連絡し、及び協力すること。

この条文は、教科書と板書中心のこれまでの授業から、いろいろな教材を使った授業の創造を提言したものである。児童生徒や教師に必要な資料を収集し、それを使いやすいように分類・配列して、読書会や研究会に活用するとともに、子どもには学校図書館の使いかたを指導する。他校の図書館や地域図書館、博物館などともつながりを持ち、子どもや教師の知識や情報や技能の幅をひろげようと訴えている。

子どもたちの学びは、校内だけで完結するものではない。学校図書館法は、子どもたちが学校図書館の利用を通して、地域社会の人びとの暮らしぶりを観察し、その土地の文化資源にふれ、それを利用し、学ぶことを期待している。同時に子どもたちの体験の幅をひろげる教育の実践を願っているようすもくみとれる。

この条文は、授業に臨む教師の姿勢も鋭く問うている。率直なところ、多くの教師は、地域とつながる授業の実践が苦手のようであり、学校図書館を利用した授業も得意ではない。困るのは子どもたちである。

教師たちは学校図書館とはどんなところなのか、その理解を深め、利用の仕方や教材の利用方法を身につけなければならない。そうでなければ、学校図書館の使い方を、子どもたちに教えることはできないのだ。この条文は、そのことを訴えている。

大きくて複雑な社会の仕組みの中に送りだされる日が、子どもたちには否応もなくやってくる。そうしてそれから、子どものながい人生が始まるのである。子どもたちが、社会人として生きていくうえで必要な力を育てよう、この条文はそれをアピールしているようにおもえる。

学校図書館を必要としなかった学校教育

条文を吟味してすぐわかることは、日本の戦後教育は学校図書館を学校教育に欠かせない基礎的な設備として位置づけて、図書館教育を重視していたということである。すでにふれた『学校図書館の手引』はそれを象徴する指南書であった。

しかし実際の学校教育は、学校図書館を活用した教育とは逆に学校図書館を排斥する方向にうごいたのだった。

そのひとつの理由として考えられるのは、学歴社会の到来である。会社が新入社員を採用したり、昇進・昇給をおこなったりするとき、学歴で差をつける風習が、60年代に入ると顕著になった。

どのような高校歴や大学歴があるのかが、就職に影響するようになり、有名大学に入ることで、一流企業や有力官庁に就職できるという社会意識を生み、受験競争をはげしいものにしていった。

特定の大学に受験生が集中するようになると、そこに合格するための猛烈な受験競争が始まる。いい大学に合格するには、名門の私立中学校や私立高校、受験に強い公立高校への入学が必要だという考え方がひろまった。

より早く受験に備えなければ、他の子どもに後れをとるという不安を募らせた保護者は、名門幼稚園や名門小学校にわが子を送り込むことを競いあい、こうして競争の波は、きれ目なくうち寄せ、小学生が学習塾に通うことも、べつだん驚くような現象ではなくなった。

幼稚園から大学に至るまでの受験競争は、〝ドリルの勉強〟を重くみる学校教育をかたちづくることになり、多くの教師は、教科書以外の図書や教材が、静かに待つ学校図書館の存在すら意識しなくなった。学校図書館には鍵がかかり、忘れられた設備になったのには、そうした事情にあった。

もうひとつは、日本の学校文化として定着している黒板と教卓と教科書を中心とした「一斉授業」のありようである。鉛筆でノートに書きとる行為は、疑問点を見つけたり、文脈を考えたりする過程でもあったから、それなりに大事な教育法であったとおもう。

他方、この授業方法は、子どもにとっては、授業が受け身となり、思考力や自発性の育ちにも難点がある。１８００年代あるいは１９００年代に学校制度が始まった初期には、欧米諸国においても同じような授業形態であったらしい。しかし、アメリカのジョン・デューイの「学校は暗記と試験の受け身の学習の場ではない」という子ども中心の教育理論が市民権をえるようになると、「教師主役」から「子ども主役」の授業への転換が行われたようである。

受験戦争に参戦しない子どもたちがいた

受験競争とは異なる道をたどる少年少女もいた。

わが国の１９５０年代は、知識と情報と応用能力が求められる現在の「知識基盤社会」とちがい、最低限の読み書き計算の能力を備えた中学卒業生を単純労働力として大量に必要とする工業化社会であった。工業化社会では、労働力集団が結束してそれぞれの部署で働けばよいのであって、考える労働力集団は求めていなかった。学校歴の浅い、この若年労働力が日本の高度経済成長を底辺で支え、現在の日本人の生活水準の基盤をかたちづくったのだった。

神武景気にわき立ち、大量生産と大量消費の社会現象をみせはじめた大都会では、大企業から中小零細企業にいたるまで人手が不足していた。このため、農業人口を都市に移動させようと、農業離れをうながす政策が展開された。

人口移動を象徴していたのが、15歳の少年少女の集団就職列車だった。中卒の子どもたちを乗せた、国鉄の集団就職列車の第1号が、盛岡駅を出発したのは、1954(昭和29)年3月だった。

列車は盛岡駅をでたあと、花巻駅、北上駅、水沢駅、一関駅と順次少年少女を拾いあげ、十数時間をかけて上野駅ホームにすべりこんだ。それから1975(昭和50)年までの約21年間、岩手県からの就職列車は運行されたのだった。

上野駅で降りた少年少女は、迎えの雇い主に案内されて、下町の小さな工場や商店街に散り、川崎や横浜、沼津方面へと乗りつぐ子どももいた。この少年少女たちは、経済成長を支える〝金のたまご〟だと、マスコミでもてはやされたが、就職先の待遇は必ずしもよいものではなく、短期間で逃げだす者が相次いだ。学校に届けられた就職案内には、「事務職」と記載されていたのに、町工場の家族の食事の用意とか、子守とかの仕事をさせられる事例もあった。

わたしが心にとめておきたいとおもうことは、東京や大阪の下町の小さな工場に就職した少年たちが、やがてすぐれた旋盤工やその他の技術者としてそだち、航空機や船舶、自動車や精密機械の製造に必要な多様な部品を、つぎつぎと開発したことである。

少年少女たちは、義務教育をつうじて学んだ社会生活に必要な最低限の知識を応用し、先輩たちの技を盗みとって、技術・技能を身につけていった。15歳で料理の道に入り、一流の料理人になったものもいる。個人差はあるけれど、日本の義務教育は、だいたい人が生きてゆく上での基礎的な社会性や素養を身につけさせるだけの内容があった。

惜しまれるのは、学校教育から学校図書館が疎外される時代が続いたため、多くの少年少女たちが読書の楽しさや図書館の使い方を体験できなかったことである。そうした体験があれば15歳の春、大都会の職場に散っていった子どもたちは、人生をより深く生きることができたかもしれない。

本をよく読んで育った中学生もいた。小学校でも中学校でも、全科目で抜群の成績を修めながら、自らの判断で進学せず、15歳で働きはじめたわたしの友人は、幼児期から本に恵まれ、日々、読書を楽しみ、それがすべての科目の学力を支える基盤になったと話していた。読書活動を積み上げて培った彼の企画力や論理的思考力を目の当たりにするとき、わたしは高校とか大学とかがどのような意味を持つのかについて考え込まざるを得ない。

しかし彼は、どうやら例外であって、本や新聞のない家庭の子どもは、教科書以外の文章と出会うこともなく、15歳の春を迎え、そして働きにでた。それが昭和30年代における「子どもの風景」のひとつであった。学校図書館の活用の仕方を知らないまま、多くの子どもたちが社会に送り出されてしまったことをわたしは惜しむ。

第10章 ● 言語力はすべての教科の基盤である

作家・谷崎潤一郎の深みのある言葉

ここに紹介する谷崎潤一郎の『文章讀本』は、言語というものには、どのような役割があるのかについて、初歩的なことが、深みのある言葉で、ていねいに説明されている。

人間が心に思うことを他人に伝え、知らしめるには、いろいろな方法があります。たとえば、悲しみを訴えるには、悲しい顔つきをして伝えられる。物が食いたい時は手真似で食う様子をしてみせても分かる。その外、泣くとか、呻《うな》るとか、叫ぶとか、睨《にら》むとか、嘆息するとか、殴るとか云う手段もありまして、急な、激しい感情を一と息に伝えるのには、そう云う原始的な方法が適する場合もありますが、しかし細かい思想を明瞭に伝えようとすれば、言語による外はありません。言語がないとどんなに不自由かということは、日本語の通じない外国へ旅行してみると分かります。

なおまた、言語は相手にする時ばかりでなく、ひとりで物を考える時も必要であります。われ〳〵は頭の中で、「これをこうして」とか「あれをあゝして」とか云う風に独りごとを云い、自分で自分に云い聴かせながら考える。そうしないと、自分の思っていることがはっきりせず、纏《まと》まりがつきにくい。皆さんが算術や幾何の問題を考えるのにも、必ず頭の中で言語を使う。（略）普通われ〳〵が英語を話す時は、まず日本語で思い浮かべ、それを頭の中で英語に訳してからしゃべりますが、母国語で話す時でも、むずかしい事柄を述べるのには、しば〳〵そう云う風にする必要を感じます。**されば言語は思想を伝達する機関であると同時に、思想に一つの形態を与える、纏まりをつける、**と云う働きを持っております。

わたしたち日本人は、ここに書かれているような算数や幾何ばかりでなく、社会や地理の問題を考えるのにも、ひとしく日本語で思い浮かべている。他人《ひと》の話を聞くときも、耳に入ってくる話し言葉を、頭の中で漢字やひらがなやカタカナの日本語で思い浮かべて理解する。

自分の思いや考えを他人に伝えたり、文章にしたりする際、ばらばらの情報を、頭の中において日本語で編集し、そうしてまとめた日本語を言葉や文章として表現する。言語は、まさしく社会を生き抜くために必要な力なのだ。

言語力とは、〝読む・書く・考える・伝える〟という総合的な言葉の力のことだとわたしは理解している。言語力が必要とされるのは、なにもいまの社会だけのことではなく、昔から生きるために必要だった。この列島では、文字のなかった縄文時代から、言葉による伝承は大事なものだったにちがいない。

それでも、いま、あらためて言語力とかコミュニケーション力とかが必要だといわれるようになったのは、日本人の総合的な言葉の力の劣化が心配されているからだ。

昨今、多くの会社が、新入社員に求める能力のひとつが、コミュニケーション力である。かつて日本人は〝阿吽《あうん》の呼吸〟で、心が通じ合うとされ、多くを語らなくてもわかりあえるといわれていた。

いまは、もうそんな時代ではない。親子でも兄弟でも友だち同士でも、自分の気持ちを言葉で伝えないと理解しあえない。国際社会になると、もっと言葉の力が必要になる。世界はいろいろな国や人でなり立ち、価値観や考え方のちがいを認め合って生きていかなくてはならないからだ。

それは、意見や考え方のちがいをなくそうということではなく、そのちがいを、多様性として認め合い、共生することである。そこで言語力が大切な機能を果たす。

友だちや隣人とのあいだで、起きた問題を、もし言葉のやりとりで解決ができなくなったら暴力行為に発展する可能性がある。世界に視野をひろげると、国際間の対話が途絶えたとき、民族紛争や戦争に発展した事例はたくさんある。解決の手段としてもっとも愚かな武力行使は、対話がなくなったときの抑圧・支配の手段として使われている。

文化庁の調査によると、日本人の日本語力は年々、低下する傾向にある。また読み書き能力が衰えたと感じる国民がふえている。全体的にみると、言語力の劣化が進んでいるのだ。

PISAショック

日本人の言語力の低下が指摘されるようになったのは、PISA（国際学習到達度調査）の結果が公表されたのちだった。PISAは、経済協力開発機構（OECD）が加盟国を中心に、2000年から3年ごとに調査している。

15歳の生徒が、それまでに身につけてきた知識や技能を、実生活のさまざまな場面で直面する課題に、どのていど活用できるかを測る。OECDは、それぞれの国が持続的発展を続けるには、人材育成が必要であり、その手段は教育であると考えたのである。

国際比較を通じて、それぞれの国が、自国の教育水準を客観的に評価し、これからの教育政策や教育方法の改善に役立てるというもので、その調査結果は、各国のカリキュラムや教育制度のあり方に大きな影響を与えている。

調査は読解力、数学的リテラシー、科学的リテラシーの3分野が中心である。

PISA2000の結果が公表されたのは2001年12月。自国の教育レベルが、国別順位でしめされたこともあって、各国に大きな衝撃をもたらした。調査結果が公表されると、韓国やシンガポールは、国別順位でトップだったフィンランドに、すぐさま教育調査団を派遣し、ＰＩＳＡに対応しはじめた。

日本の生徒の読解力は世界8位で、トップ・グループからは落ちていたが、数学的リテラシーが1位、科学的リテラシーが2位という好順位だったため、文科省はＰＩＳＡの結果は気にもとめていなかったふしがある。無視したのだ。

けれども無視できない事態が出来《しゅったい》した。03年調査で読解力が14位、数学的リテラシーが6位、科学的リテラシーが2位に落ちたのである。つづいて06年調査では読解力が15位、数学的リテラシーが10位、科学的リテラシーが6位に低下する。

この段階でようやく文科省も学力の低下を認め、危機感を募らせた。「ＰＩＳＡショック」という言葉が流行《はや》り、日本の教育界のフィンランド詣《もうで》がつづいたのだった。子どもの読解力の低さは、「言葉の力」の衰退であり、コミュニケーション力の欠如を物語る。このことが国際的な学習到達度調査による客観的な調査でわかったことは、教育改革を考えるうえで参考になる。

調査参加国のひろがりが国別順位を下落させたという理由を説明する向きもあったが、説得力にとぼしかった。教育現場はＰＩＳＡの結果を真摯に受け止め、国際的にみて相対的に低いと指摘された課題に挑戦し、あとで触れるようにＰＩＳＡの国別順位を好転させたのだった。教師たちの底力をおもう。

それについて考える前に、ＰＩＳＡ型読解力とは、どのようなものなのか。また、その背後には何があるのかについて述べておこうとおもう。

ＰＩＳＡ型読解力とはどのようなものか

ＰＩＳＡ型読解力とは、まとめあげていうと「自らの目標を達成し、自らの知識と可能性を発達させ、効果的に社会に参加するために、書かれたテキストを理解し、利用し、熟考し、これに取り組む能力」ということになる。

但し書きふうに記せば、

①「自らの目標の達成」とは、個々の希望が実現できるという自己肯定的な考え方であること、

②「参加する」とは、人びとが必要なニーズを満たすとともに、社会的・文化的・政治的な関与や、個人の自由・権利の獲得に向かうステップが含まれていること、

③「書かれたテキスト」とは、言語が用いられた印刷物、手書き文章、電磁で表示された文章など連続型のものと、図や画像、地図や表、グラフなど非連続型の多様な文章をさすこと、

④「理解し、利用し」とは、テキストは読むだけでなく、そこに書かれてあることに

基づいて根拠を挙げ、自分の意見を述べたり、テキストを活用したりすること、

⑤「熟考・評価」とは、書かれた文章の内容だけでなく、文の構造や形式・表現法もよく考え、評価すること、

となるだろう。

この読解力の概念は、テキストから情報を読み取り、その内容を把握することだけではない。本や新聞などを読んだり、知的なものを体験したりすることを通じて得た知識や情報を加工・編集して、自分の考え方や体験を加味し、新しい価値（政策、知恵、技術、芸術など）を創造することである。

これは、教えられたことを暗記し、それを試験で正確に書きうつせば、偏差値が高いとされる学力観とは根本的にちがう。ＰＩＳＡの学力とは、考える力であり、それを言葉や文章で表現する力であり、相手の立場や主張を理解する能力のことである。

03年のＰＩＳＡ調査で、読解力が14位に落ちたとき、多くの日本人が、自分たちの言語力の衰退を感じとっていた。わたしが気がかりだったのは、国別順位よりも、自由記述の無答率が高いことだった。

ＰＩＳＡがスタートした２０００年以降、最高の順位に上昇した12年調査でも、この傾向に変わりはない。読解力は、選択式や短答式、記述式の44問で構成され、①文章や表から情報を選び出す「情報へのアクセス・取り出し」、②文の関係や意味を理解する「統合・

解釈」、③知識や経験と関連させて判断する「熟考・評価」、の3要素に分けて出題されている。

無答率は6・3％でＯＥＣＤ平均（6・8％）を下回ったが、44問中17問を占めた「自由記述」では12・3％と、ＯＥＣＤ平均（11・1％）をこえている。読解力だけでなく、数学的応用力でも自由記述の無答率が高い。科学的応用力でも論述形式で無答率が目立つ。何も書かずに白紙で提出しているのである。世界の子どもに比べて、自由記述の問題で日本の子どもの無答率が高いのは「論理的思考力」の未熟さにあるといわれるのはこのためである。

では、論理的思考力とは、どのようなものなのか。それを理解するには、ＯＥＣＤの次の定義を見ておく必要があるようだ。

数学的応用力とは、さまざまな文脈のなかで定式化し、数学を適用して解釈する個人の能力であり、数学的に推論し、数学的な概念・手順・事実・ツールを使って事象を記述し、説明し、予測する力をふくむ。これは、個人が世界において数学が果たす役割を認識し、建設的で積極的な、思慮深い市民に必要な確固たる基礎に基づく判断と決定をくだす助けとなる。

科学的応用力とは、疑問を認識し、新しい知識を獲得し、科学的な事象を説明し、科学が関連する諸問題について証拠に基づいた結論を導き出すための科学的知識とその活用。

科学とテクノロジーがわれわれの物質的、知的、文化的環境をいかにかたちづくっているかを認識すること。思慮深い市民として科学的な考えをもち、科学が関連する諸問題に、みずからすすんで加わること――をいうのである。

PISAは、くりかえしになるけれど、義務教育修了の段階にある15歳の生徒が、持っている知識や技能を実生活のさまざまな場面で直面する課題の解決に、どのていど活用できるかを評価する点にあり、学校のカリキュラムをどれだけ修得しているかを見るものではない。どれほど知識を記憶しているかをテストする日本の作問とはちがい、筋道を立てて考え、それを言語で表現する力を評価するのである。

OECDは、PISAを新しい学力として位置づけ、そのめざすところは「協力・協同の教育」であり、世界中のどこの誰とでも創造的に問題を解決できる子どもを育てるところに主眼をおいている。

協力・協同の学力は、国境を越えて協力しあい、問題解決のできる力だということであろう。つまり教育の分野における国際協調路線の追究である。ではなぜ、OECDはこのような学力観を打ちだしたのか。そのことについてすこしふれてみたい。

ヨーロッパの統合と新しい学力

PISAは、EU（欧州連合）というヨーロッパの歴史を背景にして生まれたといえるだろう。ここからはしばらく、『ＥＵ（欧州連合）を知るための63章』（羽場久美子編著・明石書店・２０１３年）を参考にしながら考えを進めることにする。

ＥＵは5億８００万人の人口を抱え、アメリカをしのぐ世界最大の経済圏である。加盟国は欧州のドイツ、フランス、イギリス（２０１６年離脱方針をきめる）といった主要国だけでなく、東西冷戦終結後、「民族浄化」という名の戦争を続けていたセルビア、ボスニア・ヘルツェゴヴィナ、マケドニア、コソヴォなどバルカン紛争の当事国も次々と加盟し、現在、28か国である。

ＥＵではフィンランド語、フランス語、ドイツ語、ギリシャ語、ハンガリー語、アイルランド語、イタリア語、ラトヴィア語、リトアニア語、マルタ語、ポーランド語、ポルトガル語、ルーマニア語、スロヴァキア語、スロヴェニア語、スペイン語、スウェーデン語、クロアチア語などの24か国の言語がつかわれているという。

ＥＵは、これらの多様な言語を公用語かつ実務言語と定め、ＥＵの規則や法律など、あらゆる文書が翻訳される。裁判などでは英語への通訳、翻訳、ほかの言語どうしの通訳、翻訳の可能性もあるので、じつに５００通りを超える組み合わせが準備されているそうである。

欧州は、２０００年以上にわたって、境界線をめぐる戦争と抗争の歴史を重ねてきている。ローマ時代から第2次世界大戦まで大規模な紛争、戦争がくり返し起こり、大量の死者を出した。欧州統合は、戦争の根を絶ち、平和と安定をねがうヨーロッパの人びとの十字軍時代からの夢だった。それが実現されるのは、世界で数千万人の死者を出した第2次世界大戦後のことで、それから70年間はバルカンをのぞき大きな戦争はなくなった。

統合の目標は、①欧州を二度と戦争で争う地にしない、②民族と領土をめぐる戦いを民族の協同に代える、③世界戦争がおこった欧州において、欧州の衰退を食い止め、世界における指導的役割を保持しつづける——というものであった。

羽場久美子氏が言うように、欧州と欧州連合の豊かさは、文化力であり、建築であり、芸術であり、法の支配と哲学的深みであり、自由と平等と社会規範力の気高さであろう。国境や言語の壁を越えて、協力・協同するというPISAの「新しい学力観」は、欧州の文化的遺産と、EU統合の歴史を抜きに語れない。言語も価値観も文化も違うさまざまな国の人びとが、「違い」を基本に論議を深め、平和のうちに安全に生きるための知恵を出し合う。こうしたEU統合の目標は、世界中のどこのだれとでも、協力・協同して創造的に問題解決できる人材育成をめざすPISAの学力観の精神の流れと軌を一にしている。戦争と対立と抗争の欧州2000年の歴史を基盤にEUが創設され、やがてOECDのPISAが誕生し、「協力・協同の哲学」に立脚した教育理念や政策がかかげられるに至ったのである。

この教育哲学にわたしは新鮮なものを感じる。先生に教えられて覚えた「知識」を、テストのときに思い出して書くという授業でわたしは育った。人よりも、たくさんのことを覚え、どれぐらい覚えているかをテストで書き表す。そのテストの成績が学力として評価されたのだった。テスト直前にたまたま暗記したものが、テストで出題されたときなど、自分の運のよさをどれほどよろこんだか。わたしは薬科大学に進学したが、ここでもまた複雑な化学式の暗記に大半が費やされ、思考・発信という能動性とは縁遠いものであった。

この日本のテスト文化は、世界のだれとでも協力し合って、創造的に問題解決を図るといった遠大なものではなく、またＰＩＳＡ型学力の考え方とも大きく異なるものであった。けれども「学力」というものは、その国の固有の文化に根差したものであることも確認したいとおもう。

ＰＩＳＡ型学力観には、音楽や文学、学術や哲学など深くてひろい欧州文化が投影されている。日本における学力観もまた、日本の言語や文化を基盤にしたものでなければならない。それらは、列島の四季の恵みのなかで育つ情感や情緒を基盤にして発展してきた。

2万余の季語を駆使する俳句や、能や狂言など語りの文化の豊かさなども、知らず知らずのうちに日本人と日本文化の礎となっていることを忘れてはならない。その上に立って豊かな欧州文化にも親しく接したいものである。

第11章 ● 読解力授業は日本の教育を変える

あらゆる科目の学力の基盤は読解力

ＰＩＳＡにおける読解力の国別順位が2000年の8位から、2003年の14位に下がったとき、多くの人が、日本人の言語力の低下を実感した。そして政官民はそれぞれのうごきをはじめた。

立法府では、2005年7月、超党派の活字文化議員連盟が中心になって「文字・活字文化振興法」を制定した。これは2001年に「子どもの読書活動の推進に関する法律」が制定公布されたあと、書籍、雑誌、新聞など出版物の振興と文字・活字文化の発展を促す法整備が必要と考え、わたしが下準備をしていたものであった。

けれども文科省や法制局の一部には、「子どもの読書活動推進法や文化芸術振興基本法があるから、必要ないのではないか」という意見もあって、立法作業は一進一退をくりかえしていた。

ＰＩＳＡの調査結果は、この法律の制定を後押しするものとなった。それまでＰＩＳＡの結果には冷たいそぶりを装っていた文科省も、ＰＩＳＡで学力の低下が明瞭になったことで、ようやく危機感を募らせ、文字・活字文化振興法案の制定にも協力するようになった。

この法律は、文字・活字文化の役割について、人類がながい歴史のなかで蓄積してきた知識や知恵の継承・向上、豊かな人間性の涵養《かんよう》、健全な民主主義の発達に欠くことのできないものであると位置づけている。

では、文字・活字文化とはなにか。活字その他の文字を用いて表現されたものを読み、書くことを中心に行われる精神的な活動や出版活動、文章を提供する活動の文化的所産と定義している。この文化的所産のなかには手紙、チラシやパンフレット、さらにはメールやネットなどの電磁的手段で記録された文章も含まれる。法律名を最初わたしは「活字文化推進法」と考えていたが、のちに文部科学大臣に就任した鈴木恒夫議員が「今後の電子の時代に対応するには〝文字〟を入れるべき」と提起してくれた。

同法は、国語が日本文化の基盤であることを明記したうえで、学校教育のすべての課程を通じて、読む力や書く力、それらの力を基盤とする言語能力（言語力）の涵養に配慮しなければならないと記述する。「言語力」という言葉を提起してくれたのも、やはり鈴木議員だった。この言語力の涵養は、２０１１年から使われている学習指導要領の柱となった。

文部科学省もいろいろな政策を差しだしてきた。

『読解力向上に関する指導資料―ＰＩＳＡ調査（読解力）の結果分析と改善の方向―』も、

そのひとつである。『指導資料』は、これまでの文学的な文章の詳細な読解に偏りがちであった指導のありかたを改め、解説や評論、記録や詩歌といった文章、さらには図、地図、グラフなどの視覚的に表現された文章も授業の対象とし、いろいろな文章を読ませることで、読解力に磨きをかけようというのだ。

読解力というものは、子ども自身がテキストをよく理解し、テキストに書かれてあることを根拠にして、自分の意見を述べるものだと、文科省も解釈したのである。受け身の授業から、子どもが意見表明する授業へ移そうというのであろう。これは事実上の教育政策の転換であり、一部の公立小・中学校で行われている先進的な授業に、お墨付きを与えるものになった。

『指導資料』は、読解力授業について、国語だけでなく、教科の枠を超えて、学校の教育活動全体で行うべきだとしているが、この点は大切だとおもう。「文字・活字文化振興法」の「学校教育においては、すべての国民が文字・活字文化の恵沢を享受することができるようにするため、その教育の課程の全体を通じて、読む力及び書く力並びにこれらの力を基礎とする言語に関する能力（以下「言語力」という。）の涵養に十分配慮されなければならない」（第3条）とも見合っている。

読解力は、国語の成績をよくするためだけではなく、すべての教科の基礎である。国語の力がなければ、算数や社会や理科の教科書さえ読みこめない。『指導資料』が国語、社会、理科、音楽、美術、保健体育、技術・家庭にいたるまで、読解力をはぐくむ授業の実践をすすめるのは、このためである。

たとえば「社会」（中・2）のばあい、「指導のねらい」は、ふたつの社員募集広告の内容を読み比べ、社会科で学習した知識をもとにどちらが最近のものかを考え、根拠をあげて説明する力の育成にある。

「理科」（小・4）のばあい、「指導のねらい」は、星の観察の学習をした後、学校図書館等を活用して関連する科学読み物を読むことを通して、学習した内容をさらに深める力を育成するところにある。

こうした『指導資料』も参考にしながら、教育現場では読解力を育てる教育がひろがり始めている。読解力が好転した背後には、立法府や教育行政、教育現場の努力の連なりがあった。

読解力の好転した事情と課題

読解力好転の事情について、もう少し考えてみたい。歳月をかけて熟成されたものがその結果を生み出しているようにおもえるのだ。

一つは、2000年以降、制度・政策面で読書環境の整備が進んだことである。国会は子どもの読書活動を支援するため、2000年を「子ども読書年」とする国会決議を採択した。それが1999年のことである。

この決議を基礎に、01年には「子どもの読書活動推進法」が制定された。この法律は、政府に「子どもの読書活動に関する基本的な計画」をつくることを義務づけるとともに、読書活動を財政面で支える「子どもゆめ基金」が創設され、草の根の小さい読書グループの活動を支えている。都道府県市町村も、政府の計画に準じて「子どもの読書活動に関する基本的な計画」の策定につとめなければならない。

05年には、国民の言語力の低下が精神文明の劣化を招きつつあるという危機感を基盤に、言語力の向上のための「文字・活字文化振興法」が制定された。そうして07年の10月、「子どもの読書活動推進法」と「文字・活字文化振興法」の二つの法律を具現する団体として公益財団法人 文字・活字文化推進機構が誕生する。

この組織は、産業の枠を超えた新たな枠組みの組織として誕生し、国民的な運動だけでなく、ロビー活動などの政策提言集団として機能し、学校図書館の整備充実に向けた制度・政策の策定で大きな成果を生んできている。

二つは、小中学校、高校における「朝の読書活動」が、子どもの読書年や子どもの読書活動推進法制定をきっかけにして急速にひろがったことである。「朝の読書」の参加校は、1999年の段階では、わずか1235校にすぎなかったが、2005年には2万校を突破し、17年には2万5000校を超え、これに参加する児童・生徒は約970万人にのぼると推定されている。（「朝の読書推進協議会」調べ）これは読解力の向上に好影響を与える取り組みとなった。

三つには、教育現場の言語教育が功を奏したことである。ＰＩＳＡの結果をうけて、心ある学校では「ＰＩＳＡ型読解力の授業」を取り入れ、本や新聞を読ませて、自分の意見を書かせたり、討論させたりするなど、子ども参加型の授業を実践してきた。

日本の教師はもともと優秀な資質を持ち、教育技術に長けていて、ＰＩＳＡ型教育の実践も難なくこなせる対応能力を備えている。行政も親も、もっと教師たちを信じてほしいとおもう。

四つ目は、07年から全国学力・学習状況調査（略称・全国学力テスト）が実施されたことである。全国学力テストは、それから毎年行われ、２０１５年の全国学力テストには小学生約１０７万５０００人、中学生約１０５万７０００人が参加している。

その内容は国語Ａ、国語Ｂ、算数Ａ、算数Ｂ、数学Ａ、数学Ｂで、Ａ問題は知識・技能が身についているかどうかをみる従来型の設問であり、Ｂ問題は知識や技能の活用能力をみるＰＩＳＡ型の設問である。このＢ問題は広範な読書を必要としており、学校図書館を活用した授業の展開が欠かせない。

いま、授業内容は大きく変わろうとしている。さきにも少し触れたが、読んだことについて自分の意見を表明したり、意見を交換し合って答えをだしたりする授業もおこなわれるようになった。これまで教師が一方的に教えこむ授業から学びあう授業への変化もみられる。公立高校や中高一貫校のなかには、適正検査にPISA型テストを導入したところもある。

教育現場においては、全国学力・学習状況調査やPISAの結果を受けて、それぞれの教科で言語活動を明確に位置づけ、読解力の向上に努めた。言語活動を採り入れた小学校、中学校はともに90%にのぼり、読解力向上を視野に入れた授業改善は継続されていると考えられる。

これらの実践が奏功して、PISA09年では、日本は国別順位で読解力が8位に復活し、12年調査では上海、香港、シンガポールに次いで4位に上昇した。2000年以降のもろもろのとりくみの成果が、9年目にしてようやく実りはじめたようである。しかしその後はまた、読解力の順位が低下しており、解決すべき課題が残されている。

日本の子どもは、判断の根拠や理由を示して、自分の考えを述べることが苦手であり、国際的な比較でも、自己肯定感や学習意欲にも乏しく、社会参画の意識も低い。こうした苦手な分野は、言語能力と直接かかわっており、言語の運用力を磨くことで克服できる課題が多いようにおもわれる。

第10章で述べたように、言語力はすべての社会活動の基盤であり、自らの考えを深め、他者と対話を行い、社会を生き抜くうえで欠かせない能力である。この言語力は計算力や暗記力とちがって、単純に点数で測れないから厄介なのだ。

日本の子どもは、他国の子どもにくらべて、年号や地名の暗記とか計算とかは得意である。それなのに応用力や記述式の問題が解けないのは、点数で測る教育に順応させられてきたせいかもしれない。

言語教育は、教科書による授業だけでは十分でない。いま手元にある国語の教科書を数冊並べてみると、小説は短編か長編の一部分を抜きとっていて、小説の楽しみを十分に味わい尽くすことはできない。国語の教科書に掲載される文章だけでは読解力をみがくには限界がある。教科書の不十分さを補うには、授業をつうじて教科書以外の本にみちびくことである。この点をしっかり押さえておかなければ、読解力の土台は形成されず、ＰＩＳＡでも一進一退が繰りかえされることになる。

いろいろな本を読み、たくさんの文章にふれることで、言語力はたしかなものとなる。

高校の球児が甲子園にたどり着くまえに、たえざる練習を積み重ね、集団プレーのあり方やその中の自分の役回りを骨身にしみこませてゆくのと同じことなのだ。本を読むことは能動的行為である。その行為をつうじて、語彙が増殖し、しらずしらずに文章の組み立て方や表現方法がよくみえるようになる。

プロットがどうの、人物描写がどうの、背景描写がどうのと、読む本について、仔細《しさい》に解剖分析しようというわけではない。本を「楽しむ」という気持ちだけで十分なのだ。

わたしは、本を読み終えたあとの余韻《よいん》にひたるとき、読書の楽しみを実感する。危機的な局面を切りぬけた主人公の選択はみごとだった、でも、ほかの方法はなかったか。未来の幸福を暗示して終わったところも、最後の風景描写もじつに印象的だった、というぐあいに余韻をたのしむ。それがわたしの読書のよろこびである。

言語教育について考えるとき、子どもの読書意欲をどこまで引きだし、教科書以外の書物や新聞と、子どもとをどう結びつけるか、といった課題がおのずから湧《わ》いてくる。

偏差値教育への反省

思考力をそだてる教育の必要性が主張されるようになったのは、つい近年のことである。企業アドバイザーとして活躍している大前研一氏は、日本の偏差値教育は愚民政策の象徴であり、「考えない国民」を誕生させたときびしく指摘したあと、次のように述べている。

「日本の子供たちは、自分の能力の判断をする大切な時期を偏差値に支配された世界で過ごすことになる。つまり、自分で自分を判断する力をなくし、やりたいことも自分でなく偏差値で決めることになってしまったのである。偏差値の登場によって、個人の能力は数値で表されるようになった。」(『「知の衰退」からいかに脱出するか？ そうだ！ 僕はユニークな生

き方をしよう!!』（光文社・2009年より）

偏差値とは、個人の能力の発達ていどや試験の点数が、特定の集団の平均値とくらべて、どのくらい偏っているかをしめす数値のことである。平均点の高低にかかわらず、集団のなかで個人の順位が把握できるので、自分でも成績のレベルがわかるし、教師も「この偏差値では○○高校は無理だ」といいやすい。

大前氏がいうように、偏差値とはまさに、他人が機械的に算出した人間の価値を、若いうちから染色体の中に埋め込んでしまうという恐ろしさを持っている。人間を切り捨て、切り分けるのに、じつに便利な宝刀といえるだろう。

いまわたしは、マークス寿子氏の『日本はなぜここまで壊れたのか』（草思社・2006年）の文章を想いおこしている。2006年にこの本を書かれたとき、寿子教授は秀明大学に勤め、日英間を行き来しておられたようである。

寿子教授は、学期中、毎週何十枚、ときには何百枚もの学生の作文を抱えて帰宅し、それを読んで採点したそうである。学生に作文を書かせることにしたのは、講義を聞いて理解する理解力があまりにも不足していることに気づいたからだった。

講義を理解する理解力がないということは、第一に聞く能力がないということ、聞く能力がないということは集中力がないということである。次に書く能力がないということも確かである。つまり聞いてそれを理解して、そして何を聞いたかということを表現する。書くということは、自分の考えをまとめる能力になる。聞く能力もなく、集中力もなく、そして書く能力もないということは、考える能力がないということである。学生が授業をうけていて、教室に存在はしていても実際には頭が少しも働いていないということに気がついて、なんとか授業を受けて理解する能力を高めたいと思ったので、作文を書かせることにした。

しかし、年々、授業を聞く、理解する能力が低下している。聞く能力も書く能力も考える能力も低下しているということが明らかになってきている。私の経験だけからいっても、そうなってきている。(『日本人はなぜここまで壊れたのか』)

寿子教授の説では、私立大学の500校余のうち、3分の2近くが、偏差値50以下の学生が入学してくるという。なんのために大学に入学するのかを問うと、自分の将来像がわからない、目的がなくて、どうしていいかわからないから来るという答えが、いちばん多かったそうだ。

寿子教授の提出した学生像は、ものの考え方を教えたり、読書意欲を育てたりすることを怠ってきた日本の学校教育が造形した象徴的な事例かもしれない。勉強嫌いの学生が大量に大学に入ってきていても、寿子教授は「これらの大学生こそ、今後の日本を背負う中堅層」として、学生たちを温かい心で見つめ、励ましている。
もうすこし寿子教授の言葉を拾いあげてみる。

そんな学生たちに、これまでの教育でおぼろげに蓄えてきた知識、試験の時だけ頭に入っていた知識をもう一度確かめ、知識による土台をつくり、その上にものごとの判断や自分の意見をつくる方法、手立てを教えることが肝要ではないだろうか。高尚な教育論やきれいごとの、実現不可能なエリート論を言ってもはじまらない。国際的な水準のテクノクラートや官僚エリートを養成するのはそれなりの偏差値上位の大学に任せておけばいい。中小の、あるいは弱小の大学に来る偏差値下位の大学生にはエリート以上の重要な役割がある。これらの大学生が本当に「ダメ学生」では日本の将来は危ういのだ。これらの大学生こそ、今後の日本を背負う中堅層であって、健康な判断力をもち、自らの考えを表現できなくてはならないのだ。卑下したり、あきらめたり、ヤケを起こすようなことがあってはいけないのである。（同上）

寿子教授の文章から昨今の学生の実像がよく伝わってくる。聞く力や集中力に欠けるというのは、好奇心や興味にも欠けるということであろう。好奇心がなければ学ぶ意欲もわかないし、まして新聞や本を読むという能動的な行為も呼び起こされない。

学生が新しいことに関心や興味を失った社会は、新しい産業も新しい技術も生みださない。その要因のひとつは大学力の低下にあるとみられている。大学力の低下は、国力の低下につながるのである。スイスのビジネススクールＩＭＤの世界競争力センターの２０１７年版「世界競争力ランキング」によると日本は26位と低迷している。

第12章 ● 学習指導要領と学校図書館

学習指導要領の歴史

言語力の向上は、読書活動と切り離せない関係にある。わたしたちは多くの場合、教科書以外の書物や社会とのつながりのなかで言葉をおぼえるからである。読解力の底上げに学校図書館の活用が欠かせないといわれるのは、そこが多様な言葉の世界であるからだ。

では、学習指導要領は、学校図書館をどのように位置づけていたのか、おさらいしたいとおもうのだが、そのまえに学習指導要領がめざした教育方針について確認してみたい。学校図書館活用教育の重要性もおのずと浮かび上がるにちがいない。昨今、「学習指導要領なんか読んだことない」と、堂々と言う教師も多いようだ。

日本国憲法は、すべての国民がその能力に応じて、ひとしく教育を受ける権利を有することを定めている。これは、全国どこの学校においても、一定水準の教育を受けられるということを確認したものであり、この法の精神《こころ》を体現したのが学習指導要領であった。

学習指導要領が初めて策定されたのは1947年、アジア・太平洋戦争が終わって2年目の年だった。このころの学習指導要領は、じつにゆるやかな性格のもので、教師が授業計画をつくるさいの参考書とされ、標題も「学習指導要領（試案）」とされていた。試案は教師の自由裁量の幅をひろくとり、指導内容も教師の技能や知見に信頼を寄せたものであった。

51年の改訂にあたっても、「児童生徒の学習の指導にあたる教師を助けるもの」とされていた。61年実施の学習指導要領からは、教師が授業計画をたてるときの参考書でも試案でもなくなった。学習指導要領は『官報』に公示され、法的拘束性をもつようになったのだ。

このころ、日本は高度経済成長への階段をのぼりはじめていた。文部省は、わが国の産業を支える良質の労働力を養成するには、基礎学力の向上が必要だとして、授業時間数を増加させた。算数・理科といった科学技術教育に重きをおいて、工業化社会の到来に備えたのだった。

71年実施では、科学技術教育の拡充とマンパワーの育成が盛りこまれ、教育内容の増大にともなって授業時間数が増加する。加速化する授業のスピードに追いつけず、「学習内容が消化できない」という子どもの悲鳴が聞こえるようになった。授業の軌道からふり落とされる子どもも増え、「学校生活にゆとりがない」という世間の批判も高まった。

ゆとり教育の導入とその転換

80年実施の学習指導要領では、文部省は一転、「ゆとりのある充実した学校生活」の方針のもと、各教科の時間数を減らし、〝ゆとり教育〟へと転換した。各教科の内容や目標が基礎的な事項に絞りこまれ、授業の窮屈感が希薄になったと評価された。

この学習指導要領が、実施過程にあった89年に天皇が崩御され、昭和が終わり、平成時代にはいった。国際的にはベルリンの壁の崩壊、中国では天安門事件が起こった。89年に改訂され、92年から実施された学習指導要領は、さらなる学習内容の精選が行われ、小学校の1、2年の理科、社会科はなくなり、〝ゆとり教育〟は一段とすすんだ。

そうして社会の変化に主体的に対応できる能力の育成や創造性の基礎を培うことがうたいあげられた。「自ら学ぶ意欲を高める」という教育の基本も定められ、新しい学力観として「思考力・判断力・表現力」の育成に言及している。

2002年に完全実施された学習指導要領は、それまで教師が一方的に知識を教え込むことになりがちであった教育の見直しが志向され、「自ら学び自ら考える力」の涵養が強調された。〝ゆとり教育〟の精神は引きつがれ、学習内容が削減されるとともに、「総合的な学習の時間」が設定され、完全学校週五日制へと歩を進めた。

「総合的な学習の時間」について確認すれば、特定の教科にとらわれず、明確な主題にもとづいて学習内容を総合的にくみたてて学ぶ時間のことである。主題は情報や福祉や環境、あるいは国際理解や外国語会話など地域の実情に応じて設定できる。その特徴は、従来のように教師に教えられた知識を暗記する学習ではなく、子どもたちが自分で考え、知識を活用する力を培う学習方法にあり、教育の質の転換につながる画期的な提案であった。

２００２年の学習指導要領は、授業時間の縮減に踏み切ったが、やがて学力低下の要因という批判にさらされるようになった。このため、文科省は「補習と宿題」を奨励する「確かな学力の向上のための２００２アピール『学びのすすめ』」を発表する。ゆとり教育からの転換を志向したもので、学習指導要領から外れた授業でもかまわないというものであった。

この『学びのすすめ』を受けて、学習指導要領は２００３年、一部改正が行われた。改正前の学習指導要領には、こう記されていた。「学校において、とくに必要がある場合には、内容を加えて指導することもできるが、その場合には各教科、道徳、特別活動の目標や内容を逸脱してはならない」。

それが改正後にはこんな表現にかわった。「学校において、とくに必要がある場合には、学習指導要領に示していない内容を加えて指導することができる」。

おわかりのように、改正前は「指導することもできるが、その場合は――」と条件がつき、各教科の指導も学習指導要領から逸脱してはならなかった。改正後は、「条件」もつかず、「逸脱」の文字も消え、学習指導要領に示していない内容も指導できると明示された。まぎれもなく「ゆとり教育」から「学力向上」を重視する教育への転換だった。

２０１１年の学習指導要領は、「生きる力の育成」を基本に、基礎的な知識・技能の習得はもちろんのこと、思考力や判断力や表現力を育てることが主張された。そうして理数や国語の学習内容と授業時間を大幅にふやし、他方、「総合的な学習の時間」の総授業数は大幅に削減された。この学習指導要領は、記録や論述などＰＩＳＡ型学力を視野に入れた「言語活動の充実」を教科横断的に導入することに言及した。

「言語力の充実」は、日本人の言語力が低下し、学校でも職場でも学習や仕事に大きな影響を与えているという現実の認識から出発している。漢字や熟語、文法や敬語などいろいろな要素の言語の力を身につけることは、「生きる力」そのものだとおもう。だから時代がどのように変転しようと、全教科で追究すべき学習課題なのである。

２０２０年に始まる学習指導要領は、すでに「はじめに」のところで述べたように、主体的・対話的で深い学び（アクティブ・ラーニング）による授業改善にある。これまでの学習指導要領とちがって、指導方法や評価のあり方にも細かくふみこんだところに特徴がある。教育方法や授業の評価は、教育現場にゆだねるべきことであるが、今回の学習指導要領は、上からの統制力が働き、現場の裁量を劣化させる可能性が見え隠れしており、かつての教育統制という悪夢の再現にならぬよう行政は最大限配慮しなければならないところだとおもう。

1945年以降の学校教育の歴史をかえりみておもうことは、〝民主教育の時代〟とか、〝教育の反動化時代〟とか評され、それは学習指導要領にも反映されてきたのだが、わが国の学習指導要領は、一貫して「学校図書館の利用」を奨励しつづけてきた。

図書館が民主主義の砦であることは、世界の多くの人びとが認めるところである。日本の学校図書館も例外でなく、民主主義教育のひろばである。だからこそ、学校図書館を拠《よ》りどころにして子どもの人間性を涵養《かんよう》しなければならないとおもう。不幸なことは、学習指導要領で具現が期待されたにもかかわらず、うらはらに「学校図書館教育」が不作だったことだ。

61年の学習指導要領は、学校図書館法の制定（1953年）をうけて、はじめて学校図書館の活用について明記し、ひきつづき71年の学習指導要領でも「学校図書館を計画的に利用」して、「指導効果をたかめる」と記述され、80年実施の学習指導要領でも同様の方針が盛りこまれた。

92年実施の学習指導要領でも、これまでの「学校図書館を計画的に利用し」のあとに、「その機能の活用に努めること」という文章が加わった。2002年の学習指導要領では、「学校図書館を計画的に利用しその機能の活用」について言及し、「児童の主体的、意欲的な学習活動や読書活動を充実すること」と、指導内容の具体像が示されている。

2011年に実施された学習指導要領は、05年の文字・活字文化振興法の制定をうけて、

「言語活動の充実」をうたった。「学校図書館を計画的に利用しその機能の活用を図り、生徒の主体的、意欲的な学習活動や読書活動を充実すること」と、これまでの文言を踏襲したうえで、言語活動の充実と学校図書館の活用は、国語科だけでなく、算数や社会、理科や音楽、技術・家庭、美術や保健体育、外国語の全教科をつらぬくものであることが明示されたのだった。

そうして2020年から実施される小学校の学習指導要領は、学校図書館を計画的に利用しその機能の活用を図り、児童の主体的・対話的で深い学びの実現に向けた授業改善に生かすとともに、児童の自主的、自発的な学習活動や読書活動を充実すること――と明記している。22年実施の中学校学習指導要領にも同じ文章で、学校図書館の活用教育が言及されている。

このように学習指導要領は「学校図書館の計画的な利用」を励ましつづけてきたのだが、しかし、教育現場の爪先《つまさき》は、学校図書館のほうに向けられず、学校図書館は図書資料の保管倉庫として扱われ、まさに冬の寒い日々を過ごし、いちど凍てついてしまった窓ガラスを割るのは容易ではなかった。

学校図書館に春の訪れが感じられるようになったのは、くり返しになるが90年代に入ってからである。89年に国会議員になったわたしは、学校図書館の視察をくりかえし、鍵がかかったままの学校図書館をいくつも見た。このときから、この鍵を取りはずし、学校図書館に春風を誘いこむのが、わたしの仕事となった。わたしはまず、参議院文教委員会で学校図書館悉皆《しっかい》調査の実施を求めた。これらの国会審議を経て、学校図書館の現状に関する調査が行われたのは1992年のことだった。

調査結果は、本もなく、人の姿もなく、設備も埃《ほこり》にまみれ、それはひどい状態をうかびあがらせた。人の配置もなく、図書は古くて汚れ、わたしの独自の調査では、子どもたちから「学校でいちばん汚く、怖いところ」と敬遠された学校もあった。

この調査結果をもとに、わたしは〝しつこい学校図書館おばさん〟と他者におもわれていることを百も承知で、幾度も国会審議に臨んだ。文部省はそれに応えて、学校図書館図書標準を設定し、公立義務教育諸学校の学校規模に応じた蔵書の整備目標を定めたのだった。野党議員のおもいを受け止めて、誠実に対応する文部省の姿勢に、わたしは心地のいいものを感じたことを覚えている。

学校図書館予算はどこに消えてしまうのか

1992年の「学校図書館の現状に関する調査」は、子どもの読書活動と学校図書館活用教育を進めるうえで、画期的な意義をもつものとなった。もちろん、学校図書館の実態調査は、これが初めてのことではない。が、それまでの調査結果は国会議員のあいだでも、図書館界でも注目されず、その調査結果が政策づくりや運動の課題にとりあげられた形跡も見当たらない。調査結果をまとめても誰も意に介せず、それで一件落着といった具合である。

そんな経緯からみると、92年の「学校図書館の現状に関する調査」は、従来の扱いと異なっていて、さきほど書き記したように、文教委員会（当時）でもたびたび取り上げられた。文部省（当時）も国会審議の流れをうけて、学校図書館の充実のための施策の策定に踏みだした。

そのはじめの一歩が、93年に学校図書館図書標準を設けたことだった。この図書標準を達成するために、学校図書館図書整備5か年計画が策定される。93年度を初年度に、97年までの5年間で、学校図書館図書を1・5倍ていどにふやすというのである。

その裏づけとなる地方財政措置（地方交付税交付金）がとられ、その財政規模は単年度で約130億円、5年間で総額約650億円である。けれども第一次5か年計画では図書標準を達成できなかった。のみならず今日まで5年ごとにくりかえし更新されてきている。第五次計画に入った現在でも図書標準達成率は小学校で66・4％、中学校で55・3％である。

第四次学校図書館図書整備5か年計画（2012年度〜16年度）では、財政規模は単年度で約200億円、5年間で総額約1000億円に大幅に増加し、新しく学校図書館への新聞配備予算として単年度で約15億円、5年間で総額約75億円が措置された。

また12年度からはじめて学校司書の配置予算として約150億円が地方財政措置され、

第５次学校図書館図書整備等５か年計画（2017年度～21年度）

〈財政規模〉５か年で計約2350億円（単年度：470億円）

① 学校図書館図書の整備

〈財政規模〉５か年約1100億円（単年度：約220億円）
（内訳）増加冊数分：約325億円（単年度：約65億円）
更新冊数分：約775億円（単年度：約155億円）

② 学校図書館への新聞配備

〈財政規模〉５か年約150億円（単年度：約30億円）
（内訳）小学校（1紙）、中学校（2紙）：約100億円（単年度：20億円）、
高等学校（4紙）：約50億円（単年度：約10億円）新規

③ 学校司書の配置（新たな５か年計画に位置づけ）

〈財政規模〉５か年約1100億円（単年度：約220億円）
（内訳）小・中学校に学校司書をおおむね1.5校に１名程度
配置することが可能な規模を措置

学校司書の存在があらためて注目されることになった。学校司書という職名は法律で定められたものではないし、行政用語として認知された名称でもなかった。図書館支援員とか担当職員とか呼ばれ、法的根拠のない、まるで幽霊のような存在であった。予算措置の対象も「いわゆる学校司書」だった。

それでも国家予算が計上され、地方自治体への交付をもって、学校司書が学校教育になくてはならない職業であることを、政府がはじめて認知したことになる。

その既成事実を追うように、学校図書館法が改正され、新設された第６条に「学校司書」と記されたのは、２０１４年６月だった。これについてはあとでくわしくふれたいとおもう。

第四次「学校図書館図書整備５か年計画」

は2016年度で終了し、第五次「学校図書館図書整備等5か年計画」（2017年度～21年度）として継承された。ここに「等」が入ったのは、単年度予算だった学校司書の配置費と、もともと予算になかった高等学校への新聞配備費が、新規に「5か年計画」に組み入れられたからである。これは公益財団法人文字・活字文化推進機構の政府に対する要望項目の柱であった。こうして新5か年計画の財政規模は、前ページの表のようにかつてない大きさとなった。

17年度から単年度で470億円、5年間で約2350億円の地方財政措置を活用して、学校図書館をよりよいものにできるかは、学校設置者である自治体の決断にかかっている。あらためて、そう書き記すのは、地方財政措置の活用率が少ないからである。

これまで学校図書館の図書整備費は単年度で200億円だったが、15年度の決算額は約144億円だった。残りの約56億円は学校図書館のために使われず、道路や港湾やスポーツ施設などの公共事業にまわされたようである。単純計算すれば、5年間で約280億円がどこかに消えてしまったのだ。はっきり言えば子どものためのお金を大人が使いこんでしまった。これでは、いつまでたっても学校図書館がよくなるはずはない。

その原因はどこにあるのか。

政府の地方財政措置を、自治体が学校図書館施策費として予算化しないところに主要な原因がある。地方財政措置は、使い道が限定されていない、つまり色のつかないお金であるため、市町村の裁量で他の事業にも利用できる。だから橋・港湾・道路の改築やスポーツセンター、福祉施設の建設などに活用する自治体も少なくないのである。

自治体が、地方交付税を学校図書館図書の購入費として、通常の教育予算に上乗せし、2階建ての予算構造にすれば、学校図書館の整備に使うことができる。ところが2階建て予算にして、1階部分にあたる通常の教育予算を大幅に削減した自治体の事例もある。財政官僚の知恵だとはおもうけれど、求められているのはそうした悪知恵ではなく、学校図書館をよくするための善い知恵なのだ。

総じて自治体における学校図書館政策の優先順位は高くない。議会人や財政担当者、教育行政にたずさわる人びとの学校図書館に関する意識が希薄だとおもう。選挙のときには、「子どもの未来のために」とか「読書推進は大切だ」とか口にする地方議員も、選挙が終わると、子どもの未来や読書にかかわる学校図書館には関心も興味も示さなくなる事例をわたしはいくつもみてきた。

学校図書館は、教育文化の基盤をなすものであり、子どもの人間性の涵養や生涯にわたって学ぶ力の育成に欠かせない。首長や議員、教育行政にかかわる人びとが、そのような学校図書館に好意的なまなざしを向けてくれるように、地域住民による働きかけがいよいよ重要になっている。わたしは、「学校図書館自治体議員連盟」のようなものをつくればいいだろうなとおもっている。そうすれば国会議員の組織する「学校図書館議員連盟」とたがいに連携できるからだ。

子どもの学習に必要な蔵書構成の改善

地方交付税の自治体予算化とともに、学校図書館の改革にとって必要なことは、蔵書構成の改善である。学校図書館図書標準にこだわるあまり、古くなった本や資料を後生大事に保存して「図書標準100%達成」と朗らかに報告してくれる学校もある。涙ぐましい努力だとおもうのだが、子どもには悲劇である。

「学校図書館図書整備5か年計画」がスタートしたころ、学校図書館の蔵書はあまりにも貧しく、とにもかくにも、図書資料の量的拡大が必要であった。またそのころはまだ、学校図書館を活用して授業しようという雰囲気はなく、暇な時間に本を読む、読書は暇つぶし、という考えが支配的であった。

しかし小学生が月に10冊余の本を読み、小中学校で図書館を使った授業が広がる現在、図書資料の量的拡大だけでなく、蔵書の質が問われるようになった。この視点から学校図書館の百科事典や図鑑（共通教材）の配備状況を点検してみると、刊行後10年以上の共通教材は、高校で86・6%、中学校で62・6%、小学校で55・3%を占めている。

子どもに誤った情報や知識を提供する古い百科事典や図鑑は、速やかに廃棄・更新し、子どもが学問の進化や世の中の新しい動きとふれあうようにしなければならない。どの学問も日進月歩し、極端にいうと昨日学んだことが今日はもう古く感じるほど、予測不能な急激な変化を遂げている時代に、子どもたちも生きている。

学校図書館の蔵書のなかで文学作品の占める位置はたかい。これはこれで大切なことだとおもう。文学作品は百科事典や図鑑のように新しい情報や調査研究の成果を網羅したものとは違い、色褪せて古いということはない。子どもたちを夢中にさせ、多くの感動を与える作品は、知らず知らずのうちに、心の栄養として蓄積され、やがて人格形成にとって大きな意味を持つようになる。

芥川龍之介や島崎藤村、スタンダールやバーネットの作品の世界にひたることで、わたしは散漫になりがちな自分を立て直し、ものごとに向かう集中力や忍耐心を整えた記憶がある。古典とともに新しい読み物、新刊の文学作品や絵本を配架《はいか》することは、子どもの好奇心や読書意欲を引きだす最良の方法とおもう。

わたしたちの人生は、一生であるけれど、小説を読むことでそこに登場する人物たちの人生を追体験する。それは多生を生きることでもある。生涯、出会うことがない人間や自然、動物たちと対話したり、海の世界や、果てもなくひろがりつづける宇宙と遭遇したりする。これらのことがすべて、自分の人生の一部となるのである。

文部科学省は、全国の国立大学に教員養成系、人文社会科学系学部の見直しを求め、文学部をはじめ人文社会科学系の廃止や、他の分野への転換を促しているが、わたしはこの方針には賛同しない。文学は、社会や経済や科学の進歩にとって何の役にも立たないという文学観、いや読書観を感じるからだ。

人間の読書活動は、社会的有用性で測ることはできない。大学が目先の効用のみに魂を奪われ、実用学ばかり重んじるようになると、日本人の教養レベルは非常に貧しいものとなり、日本の文化はやがて滅びる。学校図書館には文学の香りが似合うのである。そのことを認めたうえで、子どもたちの基礎学力や教養にかかわる問題として共通教材の廃棄・更新は敢然と進めなければならないとおもう。

ある学校図書館の書架には、とっくに廃棄処分すべき古い事典がずらりと並んでいたし、手にとるのもためらわれるようなオンボロ辞典の類もあった。

たとえば、3年を過ぎた旅行案内書は、情報が古くつかいものにならないだろう。その本に記載されたバス路線は消え、旅館も廃業している可能性があるからだ。法律書や法令書も刊行後3年以上も経過していたら注意しよう。法改正で役に立たないものになっているはずだ。学習参考書も、3年も5年も経っていたら、学習の現状にそぐわないものになっているだろう。

政界のめまぐるしい動きによって政党の浮き沈みも激しく、政党関係書は刊行後3年も過ぎていたら、消滅したはずの政党名がそのまま記載されているにちがいない。学校図書館図書標準の達成を意識するあまり、古い図書資料を後生大事に扱うような愚は避けなければならないとおもう。

いまだに「古い本を捨てるな。数のうちだ」と叫ぶ学校長がいると聞いてがっかりしている。

第13章 ● 未来志向型の人づくり

新聞や本をよく読む子は学力が伸びる

公益財団法人 文字・活字文化推進機構は、「2010年国民読書年」のあと、読書というものは将来にわたって、どのような影響を与えるものなのか、全国的な調査の必要性を感じていた。読書の効用はだれでも口にするけれど、客観的に証明できるのかどうか、それを確かめたかったのだ。

子どもの野外活動や読書活動に熱心な国立青少年教育振興機構の田中壮一郎理事長（当時）に相談したところ、「わたしのところで実施しましょう」と引き受けて下さった。このひと言で、わたしの悩みのタネだった調査費用問題はたちまちに解決してしまった。すぐ東京大学の秋田喜代美教授と話し合い、協力してくれる教授や専門家を推薦してもらった。

こうして始まった「子どもの読書活動と人材育成に関する調査研究」は、2011〜12年の約2年間をかけ、中学2年生：全国338校1万1596人、高校2年生：全国278校1万0606人、学校：小中高計1687校、教員：4228人（小中高）、成人：20〜60代各年代1000人、大学生2068人を対象に実施した。

中高生には本を1か月に1冊も読まなかった理由についてたずねた。「普段から本を読まない」が中学生42・9％、高校生42・0％で最多だった。「読みたい本がない」は中学生41・0％、高校生32・2％とつづいた。

読書習慣がないのである。読みたい本との出あいのチャンスがないのだ。親も教師も本をすすめてくれないから、子どもたちはどんな本を読んでいいのか迷いつづけている。その間にも、本を読む子どもと、読まない子どものあいだの学力の差は広がり、知識の差も大きくなる。

これまでも新聞や本を読む量の多い子どもほど、学力や読解力が高くなることは、文科省の全国学力テストとかＰＩＳＡ（国際学習到達度調査）とかで裏付けられてきた。読書好きな子どもは、新聞や本を読んでいるうちに、教科書にはない言葉や語彙《ごい》をおぼえる。いろいろなものを読むから、文章をよく理解する力が身につき、表現力や文章力も伸びる。

この調査では、子どもの頃に読書活動の多かった成人は、自然体験や家族行事や地域活動、家事手伝いなどの体験活動が多いということもわかった。自然体験をつうじて、子どもは多様な大人たちと触れ合い、会話し、好奇心や関心や知見の域をひろげる。大人社会の礼節や作法も覚える。野外活動で出あった動植物を調べ、関連する本も読む。

読書と体験活動は、それぞれの面から、子どもに人間的成長に必要な豊かな養分をそそぎ入れるのである。

未来志向型の人間をそだてる読書

「子どもの読書活動と人材育成に関する調査研究」は、従来の読書調査よりも踏みこんで、子ども期の読書量がその人の将来にどのような影響を与えるかも調べた。成人に「未来志向」、「社会性」、「自己肯定」「関心・意欲」など6項目それぞれに関連する質問を設け、自分があてはまるかどうかを尋ねた。中学時代までの読書活動の豊富さによって回答者を3グループに分け、各項目における意識・能力の高さを分析した。

「自己肯定感」では、毎日の生活への満足度を尋ねた結果、意識・能力の高い人の割合は、読書活動の少ないグループが28・6%だったのに対し、多いグループは43・8%だった。未来志向や社会参加、論理性などの項目でも読書活動の多いグループが少ないグループを上まわった。

調査では読書活動が豊富な生徒ほど、未来志向や自己肯定感などの意識が強く、読書が生き抜く力を育てていることがわかった。これは成人の調査でも共通していて、中高生までによく本を読んだ成人ほど、現在の自信や自己肯定感、社会意識、意欲・能力が高いことがわかった。読書には、長期的な効用がある。この調査から読書というものが、全人的な能力や21世紀に望まれる人間の力を培うものであることが推察されるのである。

ドラッカーが『断絶の時代』(ダイヤモンド社・1969年)のなかで「知識社会の到来」を指摘したのは、ベトナム反戦や大学紛争で世界の主要大学が騒然としていた1960年代のおわり頃だった。それは知識や情報が価値をもち、経済や政治、科学や教育などあらゆる分野の原動力になるという考え方であった。

　ドラッカーは、これからの新産業の主役は情報産業、海洋開発、素材産業、巨大都市の再開発の4つだとし、これらの新産業は、自然科学だけでなく、いろいろな種類の新しい知識に基盤をおいたものになると予測していた。

　それから50年たって、世の中はドラッカーの予測したとおりの線路上を走っているようにおもわれる。現代社会の特徴は、なにもかもが急激な変化を遂げ、これまで見たことも、体験したこともない問題が起こっているところにある。過去において蓄積した知識を後生大事にしていればいいというものではなくなったのだ。

　知識は日進月歩し、きのう仕入れた知識も技能も、きょうはもう、陳腐なものになってしまう。つねに新しい知識と情報とを吸収し、更新してそれを自分の体験に関連づけて活用することが、いよいよ必要な時代を迎えたのである。

　その知識を体系的に備え、知の宝庫として存在するのが図書館であり、これからの時代はまさに図書館の時代といえるだろう。

「話す」が先で「読む」が後にくる不思議

国語教育の大事な点は、「話す・聞く・書く・読む」にあると、学習指導要領は説明している。国語教育の重心は「話す」にあり、「読む」は最後にまわされていることが、ひと目でわかる。

文化審議会答申の「これからの時代に求められる国語力について」（２００４年）は、国語の意味内容についてあらゆる角度から言及していて、国語の役割を考える上で参考になるので、わたしはときおり読み返し、新たな発見をしている。

遠山敦子・文部科学大臣（当時）は、文化審議会に諮問したさいの理由説明で、これからの時代には、どのていどの「読む・書く・聞く・話す」の能力が望ましいのか、目安を示してもらいたいと希望した。

「読む」を最優先し、「話す」はさいごである。遠山大臣は、たぶん感性や情緒を養う〝読む活動〟と、論理的思考を養う〝書く活動〟を重視したものとおもわれる。それが答申では、「聞く力」「話す力」「読む力」「書く力」の順序に並べかえられ、重心は「聞く」に移され、それぞれ具体的な目標も掲げてある。

江戸時代の寺小屋では、読み・書き・算盤というふうに、とにかく文章を読ませることが学習であり、教育であった。文章の意味内容の理解よりも、文章に慣れさせることが目標だったのだ。

読む力が土台にあれば、書く力や話す力、聞く力や計算力も備わるものと考えられていたようである。江戸の教育者たちは、声を出して読む力を鍛えることで、聞く力はさらに豊かなものになることを知っていたのだ。

読むという行為は、人類が発明したもののなかで、もっとも素晴らしい文明のひとつである。ものごとを考え、感じとり、想像し、類推し、他者を理解し、世界に働きかける能力を引き出すことにかけては、読むという行為にまさるものはみあたらない。人は生まれながらにして本を読めたわけではない。本を読める環境があって、はじめて読む行為は始まり、習慣化する。

スマートフォンなど情報化の波はいよいよ勢いを増し、無限の発展を続けるかのように見える。人類は、紙の本や新聞が中心だった時代に、ふたたび戻ることのできないところへ踏みこんでしまった。

電磁的文化は、自分でものごとを考えずに、情報を受けとるだけの受け身の姿勢を人びとにもたらしかねない。そうした新しい文明と遭遇している時代だからこそ、読むという能動的な行為がいよいよ必要なのである。

メアリアン・ウルフがいうように、読むという行為を経験すれば、もう、けっして元のままの自分にはもどらない。インスピレーションを得たり、悲しみを感じたり、読んで心に響いてくるものはいろいろあって、そうして心はかならず豊かになる。人間が本来ならば、出合うことも、理解することもなく終わってしまう幾千もの現実に触れるからであろう。それが読書というものかもしれない。

学習指導要領が「読む」を最後に回したのはなぜなのか。教育行政や教育現場で培われてきた「読書は課外活動」という読書観の残滓《ざんし》が感じられてならない。学校現場には読書教育の必要性や読書時間を確保しようという意識が薄いようにおもわれるのも、そうした経緯と連なっているのではあるまいか。

読書を授業活動の外側に置きざりにしてきた長い歴史を顧みるとき、それもまたやむをえないことであり、時間をかけてときほぐす課題なのだろう。学習指導要領で「読む」が最後にくるのは、わが国の学校教育の歴史と深くかかわりあうものとおもう。

学校司書経験のながいわたしの知人の話では、本を読むようになった子どもが最初に獲得した力は、「聞く力」だった。読む力が聞く力をひきだし、話す力、集中力、想像力、好奇心をはぐくみ、そうして旺盛な学習意欲へといちじるしい進境をみせた。読書の力はすごい、と彼女は感嘆していた。

現在、小学校から中学校へ、そして高等学校へと進むにつれて、本を読まなくなる傾向にある。子どもたちが本を読まないのは、宿題や課外活動で忙しくて、読む時間がないからだとよくいわれる。

読書調査では「日常的に本を読むことはない」という回答が多い。これは本を読む習慣がないということである。２００４年の文化審議会答申も「これまでの教育では、読むことの楽しさを教えることに失敗しているのではないかと考えられる」と言わざるをえなかった。

ＯＥＣＤ（経済協力開発機構）の調査で「趣味として読書をしない」という回答のトップは、日本の子どもたちだった。家庭でも学校でも、「本を読むことじたいがたのしい」という読み方を教えてもらっていないから、読書を楽しむ習慣がないのである。「どんな本を読めばいいのかわからない」という子どもも多い。本について話しあったり、紹介したり、勧めたりする役まわりを演じる大人が、こうした子どもたちのまわりにいないのだ。

みずから本に手を伸ばし読む子どもは、わたしの経験に引きつけていえば、ごく少数である。大多数の子どもはそこに本があっても、自然に読み始めることは少ない。だからこそ、学校図書館が新たな重要性をもつにいたったのである。

幅ひろい学習教材の必要性

学校教育法30条は、新しい学力として、次の3つを養うものとした。

一つは、基礎的・基本的な知識・技能の習得

二つは、思考力・判断力・表現力その他の能力

三つは、主体的に学習にとりくむ態度

この新たな学力は、学校図書館を活用した授業によってはぐくまれるものと考える。「言

語活動の充実に関する指導事例集【中学校版】」（文部科学省　２０１１年）を読むとそのおもいがさらに深まるのである。

この指導事例集は冒頭、言語活動の意義について、「言語は知的活動（論理や思考）の基盤であるとともに、コミュニケーションや感性・情緒の基盤でもあり、豊かな心を育む上でも、言語に関する能力を高めることが重要」と述べている。

主な各教科の指導事例を抜き書きしてみる。

○国語：社会生活に必要とされる発表、案内、報告、編集、鑑賞、批評などの言語活動を行う能力を確実に身につけるための指導

○社会：資料を適切に収集・選択・活用して社会的事象を多面的・多角的に考察し、公正に判断するとともに、適切に表現する学習活動

○数学：言葉や数、式、図、表、グラフなど数学的な表現を用いて、論理的に考察し表現したり、その過程を振り返って考えを深めたりする学習活動

○理科：問題を見いだして観察、実験を計画する学習活動、観察・実験の結果を分析し解釈する学習活動、科学的な概念を使用して考え、説明する学習活動

○音楽：どのように音楽表現をしたいのかという思いや意図を言葉で表したり、音楽を聞いて価値を考え、批評したりする学習活動

抜き書きの文章は、各教科の前文であるため、抽象性をまぬがれない。各論では各科目ともかなり細かい指導内容が書きこまれてある。美術や保健体育、技術・家庭、外国語、道徳の科目や、総合的な学習の時間についても、具体的な指導事例が列をつくっている。

これを読む教師の人口は、全国でどのくらいなのだろう。細かいところまでふみこんだ指導事例を喜ぶ教師もいるとおもうけれど、文科省の深い関与としてうんざりする教師もいるかもしれない。しかし、ひろい観点から選択された学習教材の提供が必要だということがよくわかる。

たとえば、中学校学習指導要領の「社会」は、「日本や世界の地域の諸事象を位置や空間的ひろがりとのかかわりでとらえ、それを地域の規模に応じて環境条件や人間の営みなどと関連づけて考察し、地域的特色や地域の課題ととらえさせる」という。

「理科」は、「自然の事物・現象に進んでかかわり、目的意識をもって観察、実験などを行い、科学的に探究する能力の基礎と態度を育てるとともに自然の事物・現象についての理解を深め、科学的な見かたや考え方を養う」と書かれてある。

これに応えうる図書資料が必要である。

あなたの近くの学校図書館には、そういう資料がそろっているだろうか。

第14章・読書教育で子どもを育てる

読書教育が進まないのはなぜか

読書が子どもの成長に大きな好影響を与えることは誰もが認めることである。朝の10分間読書が子どもたちの気持ちを落ち着かせ、静かに授業に入ることができるということも実証ずみである。本を読むことで語彙《ごい》が増え、自分の言葉で自分の気持ちを伝える力もはぐくまれることもわかっている。

それでもなお、学校の授業の中には、「読書教育」の時間が導入されない。読書は教育課程にくみこまれていないのである。それは、なぜ進まないのか。読書は、趣味であって教育の外側にあるものとして扱われてきたからであろう、とわたしはおもっている。

わたしたちは、ながいこと、子どもの読書は授業外の娯楽活動であり、学校図書館も授業外で本を読むところと考えてきた。それが間違いであることに、いま、ようやく気づきはじめたばかりなのだ。受験戦争ただなかにあったわたしの時代をふり返っても、いまおもえば、あえて文学作品から遠ざかっていたような気がする。

文章を読む力は、あらゆる学習の基盤であり、その読む力を育てる読書指導は、教育の場である学校でこそなされるべきことである。「読めない子ども」「読まない子ども」も含めて読書に向かわせる工夫を施すのが読書教育というものであろう。

第5章の「社会生活と学校をむすぶ教育」の項を想いだしてほしいのだが、そこでは〝学校図書館教育の効用〟について述べた。学校図書館教育の効用は「学び方を学ぶ」ということにつきるようにおもわれる。「学び方を学ぶ」ことは、生涯にわたって必要とされる技能であり、読書教育の基本である。

読書教育の実践は、「読書は授業外の娯楽活動」という固定観念との戦いでもある。教育行政も教育現場も、読書活動を授業外扱いにしてきた。学校図書館も授業外の読書に使われる場所であり、日々の各科の授業で活用するところだという考えは、未成熟である。

読書は、目に見える有効性も功利性もなく、算数や国語のように点数化できない。読書の効果や結果は測定できないし、数値化もできない。日本の学校教育は「正解はひとつ」で、子どもの成績を測ってきたから、学習指導要領も、計測できない「読書教育」について、明確に記述することはなかった。「ひとつの正しい答」を出せないから、教育の対象とされなかったのである。

夏目漱石の『こころ』の読み方に、「正しい読み方」や「正解はひとつ」という神話は通用しない。読む人の数ほど、読み方も理解の仕方も用意されてある。こうした文学作品は〝読書教育〟として扱うのではなく、採点可能な国語科の授業として扱われてきている。他の教科の教師は、読書活動は国語担任のしごとであるとして、子どもの読書には、興味も関心も希薄であった。読書を指導の対象にしたり、強制したりすることへの拒絶感もある。

ここで考えてみたいことは、「指導」というものには強制・管理・拘束という力がはたらくということである。集団教育の場である学校は、わけてもそうした働きが必要である。授業は、小学生はひとコマ45分、中学生はひとコマ50分というふうに、はっきりと決まっている。これは子どもが学校で拘束される大まかな時間の単位である。一日4、5時間は強制され、しかも毎日くりかえされる。だから読書時間も、カリキュラムに編入され、授業というかたちで規則的に拘束されてもおかしくはないのだ。

この辺のことは、わたしの説明よりも、亀井勝一郎氏の説を借りたほうがわかりやすいかもしれない。

子供は規則的にいやおうなく一定の時間を強制される。これは教育にとって不可欠な条件である。毎日の規則的な強制によって、子供ははじめて義務感を起こす。たとひ倦怠を感じても、学校へは、「行かねばならぬ」のだ、この強制的性質が、精神に正しい方向を与える。いはば一目標に向かふ意志なるものを、形づくってやるのである。強制や束縛といふ、自由とは正反対の概念が、自由のために必要なのだ。人間は放任しておいて決して自発的になるものではない。

家庭の子供と学校の子供とは別のものである。前者は血縁によって、またそれぞれ異なる年齢によって、つまり家族的単位としてゐるが、学校においては、それぞれが他人で且つ年齢は同一で、いはば人間的単位として存在している（『亀井勝一郎全集第13巻』講談社・1971年）

亀井氏によると、家庭教育の致命的な欠陥は、それが両親の任意によって、かなり気まぐれになされるという点にある。家庭には時間割もない。教室もない。学校のように定期的な束縛がない。そうした家庭とちがって、学校は時間を決めて、子どもを束縛して指導しており、家庭教育とはまるっきりちがうのである。

だから家庭において読書は娯楽であっていい。しかし学校では、娯楽でなく指導の対象としなければならない。読書活動を授業外から授業内に転移して、ひとコマ45分、ひとコマ50分という時間を確保し、継続した指導のもとで、子どもを本の世界に導き入れることがだいじだとおもう。

「読書科」を導入した江戸川区教育委員会

読書活動は子どもを変え、新たな学校文化をつくりだしている。全国小学校、中学校、高等学校で行われている授業外の「朝の読書活動」（以下：朝読）は、2000年の子ども読書年、2001年の子どもの読書活動推進法の制定を機に急速なひろがりを見せた。

わずか10分間の朝読によって、荒れた教室が静まり、学級崩壊から立ち直り、遅刻する児童生徒が減少したといった声も聞こえてくる。本好きな子どもが増え、全国学力テストでは、図書館を活用した授業を行う学校の子どもの正答率が高かった。

読書活動のせいで、子どもの心が荒れたり、校内秩序が乱れたり、学級崩壊が起こったり、学力が低下したりという事例は届いていない。

では、朝読はすべてよしなのか。そうではない。朝読に熱心な教師が転勤・移動してしまうと、その時点で立ち消えになる学校も多いようである。朝読には、教師は口を挟まない。子どもが本を楽しむだけの時間である。このため、読書活動のステップ・アップがないと指摘されている。デザートだけを食べて、メインの料理を食べないのに似ている。難解な本にいどむ意欲がみられないというのだ。

この朝読の「読むだけの時間」に、「目的を持った読書時間」を加えて読書指導する学校がある。東京・江戸川区が小学校、中学校で実践している「読書科」の授業だ。江戸川区は、2012（平成24）年度から文科省の教育課程特例校に指定され、教育課程に「読書科」を組みこんだ。

教育課程特例校で「読書科」の設置を申請したのは、全国でも江戸川区だけだった。読書教育に対する教育現場の関心が、どれほど低いものであるかを推し量る事例といえるだろう。

読書科設置の目的は、「本好きな子どもを育てる。本で学ぶ子どもを育てる」である。テーマは、四つほどかかげられていて、「読むだけの時間から目的をもった読書時間へ」もそのひとつだ。これは、毎日10分間の「読むだけの時間」(朝読)に、「目的をもった読書時間」(読書活動)をプラスしたものである。

つまり、読書科は朝読と読書活動のふたつで構成され、時間配分は小学校の場合、朝読が20〜25時間、読書活動が10〜15時間である。中学校の場合は、朝読が25〜28時間、読書活動が7〜10時間となっている。

このうち、読書指導が行われるのは、読書活動の時間帯であり、その指導内容は読書表現活動、学校図書館活用、調査・発表スキル学習の3分野である。読書表現活動では、本を楽しく読む方法や、本の紹介活動、読む力を引き出すための読書活動を指導し、意見交換や作品づくりなどを学ぶ。

学校図書館活用では、本の扱い方や探し方、図書館の利用の仕方を学ぶ。調査・発表スキル学習では、調べ方やまとめ方、発表の仕方の基礎を指導し、情報収集の仕方や情報モラル(著作権、肖像権)を学ぶ。

読書科の授業は、指導内容からもわかるように、図書館は授業外に本を読むところではなく、授業の中心になっている。図書館活用法の指導は、自力で学習できる子どもを育てることである。その力は生涯にわたって学ぶ力として貯金されてゆくにちがいない。

読書科の授業では、各分野の授業の目標に照らして、子どもたちの学びぐあいを評価する。読書に対する意識の深まりや広がり、読書から学んだことの表現内容の豊富化などである。

読書教育は、学校の活動だけでなく、家庭読書とのつながりぐあいも評価される。読書指導の評価は点数化するのではなしに、記述式でおこなわれるので、教師の想像力や知見も問われることになる。

江戸川区が小中学校で「総合的な学習の時間」の一部をくみかえ、「読書科」を採用したことは、「言語活動の充実」や読書指導の先進的な事例としてわたしは注目する。江戸川区の先駆的な実験はまた、自治体の首長や教育長が覚悟すれば、その裁量で独創的な学校教育が展開できるということを物語るのである。

文科省は、こういう自治体のとりくみに、もっと関心を寄せ、特例に終わらせず、全国に広げる努力をすべきだろう。一方的に通達を発するだけでなく、いい取組をしている自治体や学校をもっと全国に公表した方がいい。

第15章 「学校司書」は学校長の指揮・監督下にある教職員

学校図書館の役割と機能

学校司書の役割を考えるにあたって、あらためて学校図書館について整理しておこうとおもう。

一つは、教科書以外の多くの資料やメディアを利用し、教科横断的な探究学習を支え、子どもの問題解決能力の育ちを支援することである（学習センター）。主体的な学びへの子どもの参加をうながすには、子どもの学習意欲や好奇心を引きだす努力が欠かせない。学校図書館はそのための大舞台であり、協働学習やチーム授業のカギを握る場所ともなる。

二つは、情報機器の扱い方を学び、多くの情報源から必要な情報を引き出して収集・分析する力を身につけるとともに、自分の考えをくみ立て、筋道を立てて説明できる情報活用能力の育ちを支援することである（情報センター）。

インターネットやスマートフォンは、もはや日常生活と分離することはできない。学校図書館のインターネットを整備し、適切な扱い方や検索方法について、きちんと学習できるように、学校図書館は主導権を発揮しなければならない位置にある。

三つは、子どもの読書欲を引きだし、読書力を育て、読書習慣をつくることである（読書センター）。子どもたちが読むことの楽しさを覚え、表現力や文章力、思考力を鍛えるには、書籍だけでなく、複数の新聞や多様な雑誌が教材として配備されなければならない。

四つは、貧富の格差が拡大する社会にあって、貧困やストレスにより悩む子どもが増え、そうした子どもたちの「心の癒《いや》し」の役目を担うことである（心の癒しセンター）。このためには、児童心理や児童福祉などの専門職員を配置し、教師と連携して子どもの全体像に向き合うことが大切とおもう。

学校図書館の機能と役割について4点に集約してみたが、学校図書館はこれらの建前の機能や役割にとどまらない。たったひとつのことを知りたい、たったひとつのことを学びたいとやってくる子どもこそ、学校図書館は抱きしめてやらなければならないのである。

子どもの関心や興味はひろくて深い。友だち関係や家庭生活や野外活動など、もろもろの体験をつうじて、知的好奇心はふくらみ、拡大しつづける。そうした子どもの知的欲求を教科書だけで満たすことはできない。

もちろん、教科書には教科書の大切な役回りがある。教科書は、その国や時代が、どのような人間像を描いているかを映す鏡であるといっていい。教科書はまた、人類が創造し発展させてきた知的文化財を選び抜き、それを子どもたちに伝達し、未来につなぐ新しい知的価値を生みだす媒体である。学校図書館活動は、その教科書のねらうところのものを補完し、教育基本法の精神を具現する役目を担うことになる。

　教育基本法によると、教育は「平和で民主的な国家及び社会の形成者として必要な資質を備えた心身ともに健康な国民の育成」をめざす。教科書は、教育基本法にもとづく学習指導要領に規定されたものであり、そこからみちびきだされる教科書の描く人間像は、「平和で民主的な国家及び社会の形成者」ということになろう。

　民主主義社会の担い手をかたちづくるにあたって、学校図書館ほどふさわしい場所はない。そこは言論の自由や出版・表現の自由が、知的財産として継承されている宝庫である。

　子どもの好奇心と読書欲を引きだし、基礎的な教養を身につけ、「もっと知りたい」という知的欲求や探究心を満たし、生涯をつうじて必要とされる「学びの方法を学ぶ場所」である。学校図書館は、子どもたちに慰めと喜びと希望と自信を与えようと、長い時間をかけて心を整えてきている。学校図書館というステージで、子どもたちが、たったひとつの大事なことを発見してくれるだけでも、学校図書館は大きな役割を果たしたことになる。

学校司書の法制化は改革への一歩

　学校図書館の書架に、どんなに豊かな書物や資料がそろっていても、そこにいつも人がいないと宝の持ち腐《ぐさ》れになってしまう。本と子どもと教師をつなぐ人の存在が欠かせない。いつも人のいる風景こそ理想的な学校図書館なのである。学校司書が法的根拠を持つまでの道のりはどうだったのか。

　これまで学校図書館で働く人たちは、自治体によってサポーター、支援員、補助員、担当職員などの職名で扱われ、雇用形態、身分・職種・待遇などもまちまちであった。国の政策形成に先立ち自治体が自主的な努力で学校司書を配置したことは、学校図書館には「ひと」が必要だということのアピールであった。

　学校図書館の仕事は、誰にでもできるはずもないことは、どの自治体も理解していたにちがいないのだが、法的な根拠のない職種の採用は、一種の英断であったろう。学校図書館には何の関心も示さない学校や自治体が存在する中での選択だったからだ。

　法的根拠がない〝いわゆる学校司書〟は、片手間の仕事のようにみられ、身分も教育職や行政職と分かれ、正規雇用は少なく、臨時職員によって担われてきたのだった。

　しかし彼女たち、彼たちは、学校図書館の運営・業務の担い手として、図書の貸出業務から、図書館活用授業への参加・協力、読書教育の支援といった奥行きのある実績を積みあげ、その存在感は否定しようもなかった。それがわたしの心を動かしたのだった。

　わたしは２０１１年の春、当時の川端達夫総務大臣に「学校司書配置をうながすための地方交付税の措置」について訴えた。文科省もその後、総額75億円の12年度概算要望を出した。たった75億円？　と思ったわたしは、せめて2校に１人は配置したかったので、川端大臣には倍額の１５０億円を投じてほしいとお願いした。

その年の12月上旬の夜遅く、川端大臣から「12年度から150億円を予算化する。省庁からの要望額を超える予算措置は初めてですよ」という電話を、出張先の博多で頂戴した。国が、国家予算をつうじて学校図書館担当職員の存在を、はじめて認知したことに、わたしは感動し受話器を耳にしたまま涙を流していた。

「政治家になって久しぶりにいいことをしたという実感が持てました」と語られた川端大臣の静かな声が、それから6年後のいまも、わたしの耳の奥に温かく残っている。

学校司書の法制化に先立って、国家予算が学校図書館に働く人たちの存在を認め、法制化へのレールを敷いてくれたのだ。自治体の〝いわゆる学校司書〟採用のひろがりも国の制度を動かす導線となった。学校図書館法制定いらい、凍結されていた「学校司書」にかかわる制度・政策が確かにうごきはじめたのである。

2014年6月20日、参議院本会議で「学校図書館法の一部を改正する法律」が可決・成立するまでは、わが国には「学校司書」は存在しなかった。改正学校図書館法が新しく第6条を設置し（学校司書）と記したことによって、学校司書ははじめて、法制度上の根拠を持ち、日陰の存在ではなくなったのだ。

（学校司書）

第6条　学校には、前条第一項の司書教諭のほか、学校図書館の運営の改善及び向上を図り、児童又は生徒及び教員による学校図書館の利用の一層の促進に資するため、専ら学校図書館の職務に従事する職員（次項において「学校司書」という。）を置くよう努めなければならない。

2　国及び地方公共団体は、学校司書の資質の向上を図るため、研修の実施その他の必要な措置を講ずるよう努めなければならない。

学校図書館法が制定されたのは、１９５３年であったから、この第６条が設置されるまでには、じつに60年余の歳月がかかったことになる。「学校司書」の誕生を国民がどれほど待ち望んでいたかは、学校図書館法改正案が世論を代表する衆参両院で、全会一致で可決・成立したことからもわかる。

日本共産党は、司書教諭と学校司書の採用方法や労働条件のあり方などについて修正案を提出したが、それが否決されると、原案の賛成にまわり、文部科学委員会では全会一致で法案が採択された。国会議員時代に同じ委員会に属していた共産党のＭ議員のすっと伸びた背に、わたしは傍聴席からうなずき、心からの敬意を表したのだった。

多少、時間をあともどりしてみる。１９９７年６月、44年ぶりに学校図書館法が改正され、司書教諭の配置義務が定められたが、学校司書の法制化は見送られ、それがわたしの心に忸怩《じくじ》たる思いとして残っていた。

わたしが理事長を務める文字・活字文化推進機構を設立したとき、事業目標の中に「学校司書の法制化」を掲げたのは、こんどは民間人の立場から学校図書館法改正にとりくもうという決意の表明でもあった。

97年改正のとき、わたしは衆議院に席をおき、超党派の「子どもの未来を考える議員連盟」の事務局長でもあったから、各党派の議員たちとも十分に心を通い合わせることができた。

子どもの多様な能力を育てるには、学校図書館の活用が必須の条件であり、そこには読書と授業を結びつける学校司書は欠かせないということでも、多くの議員たちと気持ちをひとつにすることができた。それだけにあの学校司書法制化の見送りは心残りだったのだ。

法制化までの道のり

公益財団法人文字・活字文化推進機構は、2010年国民読書年の継続事業のひとつとして、事業計画に学校図書館法改正に取り組む方針を盛りこんだ。この方針の具体化には世論の支持がなければならない。

子どもの未来を考える議員連盟の河村建夫会長とも協議し、学校図書館の充実をめざす組織として「学校図書館活性化協議会」を設立することにした。2011年6月のことである。設立総会では、学校司書の法制化を視野に入れて、学校図書館法の改正にとりくむことを決めた。

そのお披露目をかねて、11年12月11日には山口県山陽小野田市で、文字・活字文化推進機構主催のシンポジウム「手を伸ばせば、そこに本がある―学校図書館の活性化を考える」を開催したのだった。

基調講演は、作家で教師体験のある、あさのあつこさんにお願いした。それまで学校司書の法制化に関する発言を控えておられた河村会長が、このシンポジウムではじめて、「(学校司書の) 法制化があれば新たな雇用も生まれる」と述べられた。

議員連盟会長の発言は重い。立法府が動きはじめる。立法府が動きだせば、法改正への道筋をつくることができる。実務者がしっかりと支えるかも問われる。

12年10月、衆議院議員会館で「学校司書の法制化を考える全国の集い―学校図書館の活性化をめざして」が開催された。これを機に法改正の作業が加速した。図書館にかかわる人びとは長い間、学校司書の法制化を求めてきたが、門扉はびくともしなかったという。山口シンポジウムを機に、その扉がゆっくりと開きはじめ、その静かな音は、わたしに大きな喜びを与えた。

衆議院法制局、文科省児童生徒課、文字・活字文化推進機構の実務者による法案骨子についての意見交換がいくたびか行われた。

そうして衆議院法制局から、学校司書の配置と学校司書の資質向上に必要な研修などの努力義務を盛りこんだ法案骨子が提示されたのは、13年6月だった。やがて法案の国会提出の推進力となる「学校図書館議員連盟」（会長　河村建夫衆議院議員）のメンバーを提案者に、学校図書館法一部改正案が国会に提案された。

これに先立ち文部科学省は、学校司書の法制化への地ならしのため、有識者による「学校図書館担当職員の役割及びその資質の向上に関する調査研究協力者会議」を設置し、学校司書の役割などについて論議をかさねた。

協力者会議がまとめた報告書には、学校図書館担当職員（いわゆる「学校司書」）は、「学校教職員の一員」であることが明記され、司書教諭その他の教員と協力して、学校図書館の運営や機能の向上に努めるものと記述された。

法律の想定する学校司書

学校司書の法制化は、その職業・職種の社会的存在を明確にしただけではなく、学校図書館業務をつうじて民主主義社会の発展を担う子どもの育ちを支えぬく物語の始まりとなった。どのような物語がつづられるのか、それは学校司書のはたらき具合に左右されるわけだが、子どもの瞳がきらきらと輝くものであってほしい。

学校図書館法で規定される「学校司書」は、学校の設置者が雇用する常勤職員、非常勤職員を想定している。学校図書館の業務を請け負った事業者が雇用し、学校図書館に勤務する者は、法律の「学校司書」には該当しない。

なぜならば、その人たちは校長の指揮・監督下に入らない民間団体の従業員だからである。これは衆議院法制局、文部科学省、法案提出者の学校図書館議員連盟の一致した見解である。学校図書館が教育組織の中核であり、学校司書が教職員の一員であることを考えると、これは当然の見解であろう。

しかし学校司書はいまだ十分な配置がおこなわれていない。とりわけ言語活動の充実やアクティブ・ラーニングの視点による授業の改善が、学校図書館を活用した授業をうながすことは必至であり、学校司書の全校配置が急がれる。

一部の自治体では、学校図書館業務を業者に委託したところも散見される。それぞれの自治体が学校図書館の充実を念頭に実施しているわけだが、学校教育を担う教育設備としての学校図書館の役割と機能を考えると、事業者に公教育をゆだねることは責任の放棄につながりかねない。教室の授業のいくつかも民間に委託したいとおもっている校長がいるなら別だが。

学校図書館の管理・運営に業者が参入することで、学校図書館に派遣された社員の扱いも新しい局面を迎えることになった。改正学校図書館法の保護をうけないため、どのような知見や能力があっても、法的根拠を持った「学校司書」として認知されないからである。

現に業者派遣の社員・職員の中には、学校図書館の業務に長けたものも多く、本の目利きとして優れた人材が目立つ。しかしどれほど卓越した人材であっても、学校長の指揮・監督下ではたらくわけではなく、あくまでも営利を目的とした業者の労務管理下にある。

学校司書の全校配置という政策展開にあたっては、それらの人びとのうち、希望者は近い将来自治体に採用され、学校図書館法でいう「学校司書」として処遇される道もあろう。なぜならば次のような事情があるからだ。

学校司書を配置している学校の割合は、公立小学校で54・5％、中学校で52・8％、高校は66・5％である（平成26年度「学校図書館の現状に関する調査」）。改正学校図書館法の施行後、学校司書を配置する学校は増えつつあるが、その数は圧倒的に不足しており、すべてはこれからが本番であるといっていい。

社会的な地位向上にむけて

前項でも書いたように、学校司書の雇用形態は大きな課題である。学校司書が落ちついて仕事するためには、雇用の安定は大切な条件となる。現状は3校かけもちをするなど常勤の学校司書が少なく、非常勤の学校司書が大勢を占める。雇用期間も2年とか3年とか短い。常勤の学校司書は公立の小学校で9・8％、中学校で11・2％、高校で57・7％（平成26年5月）である。学校司書の8〜9割は非常勤ではたらいているのだ。わたしの知人にも、時給900円、週2回勤務という人がいる。これが一般的な状態だという。

学校司書が、言語活動やアクティブ・ラーニングなどの授業や学習について充分な支援を行うためには雇用の改善による常勤化は避けて通れない。学校図書館を活用した授業に応えることができないからだ。どんなにヤル気のある学校司書でも、労働条件が不安定であれば、計画的な図書館運営の方針を教示するのにもためらうにちがいない。

これからは学校司書の充実した研修活動も必要となる。

学校司書は、司書教諭や学年主任、教科主任やその他の教師たちとも連携し、教職員の一員として読書指導計画や授業計画に必要な資料を準備する役割が期待されているからだ。そのためには学校教育にかんする幅広い知識と技能を貯え、それを応用する力量が必要である。

本や資料の活用とか図書館の利用方法とかを修得する研修活動が欠かせない。こうした研修活動の自助努力には限界がある。学校司書の業務が教育活動であることにかんがみ、国や自治体は学校司書の養成や研修活動に対して、さらに十全の責任を果たす必要がある。

２０１５年春の改正学校図書館法の施行後、学校司書を採用する自治体は増える傾向にある。それはそれで望ましいことだ。しかし、学校教育に対する知識も薄く、図書館の運営・管理について専門性を身につけていない職員もいるにちがいない。また、そうした職員に自分の体験を語りつたえ、指導し教示してくれる先輩職員も少ないようにおもえる。

学校司書の資質能力の向上に向けた研修活動については、国と自治体の連携が欠かせない。学校司書を対象にした講習や研修だけでなく、読書指導や図書館利用の方法、読書活動のあり方や本の選定法などについて、学校司書と教師の合同研修も必要だとおもう。

学校司書と司書教諭の連携も欠かせない。いっしょに受講できる研修をつうじて、業務の相互理解を深め、図書館運営や図書館活用教育について認識を共有することが望まれる。これらの研修や再教育は、学校教育の展開に不可欠なことがらであり、国・自治体の責任で行うべきである。

「モデルカリキュラム」の作成

改正学校図書館法の附則第2項に、「国は、学校司書の職務の内容が専門的知識及び技能を必要とするものであることに鑑み、この法律の施行後速やかに新法の施行の状況等を勘案し、学校司書としての資格の在り方、その養成の在り方等について検討を行い、その結果に基づいて必要な措置を講ずるものとする」とある。要するに「法改正を機に、質の高い学校司書を育てなさい」という立法者の思いである。文科省は、「学校図書館の整備充実に関する調査研究協力者会議」を設置し、8回にわたり協議した結果、2016年10月に提出した報告書を踏まえ、「学校司書のモデルカリキュラム」を定めて、各国公私立大学等に通知した。また各都道府県には、学校司書を配置するよう求めた。

学校司書のモデルカリキュラム

	科目名	司書	教職課程	司書教諭	単位数
学校図書館の運営・管理・サービスに関する科目	学校図書館概論			※	2
	図書館情報技術論	○			2
	図書館情報資源概論	○			2
	情報資源組織論	○			2
	情報資源組織演習	○			2
	学校図書館サービス論				2
	学校図書館情報サービス論	※			2
児童生徒に対する教育支援に関する科目	学校教育概論		※		2
	学習指導と学校図書館			○	2
	読書と豊かな人間性			○	2
				計	20

なお、単位の計算方式は、大学設置基準等によるものとする。

※「学校図書館概論」は、司書教諭の科目「学校経営と学校図書館」を履修した場合には、「学校図書館概論」を履修したものと読み替えることも可能とする。
※「学校図書館情報サービス論」は、司書資格の科目「情報サービス論」又は「情報サービス演習」において「学校図書館情報サービス論」の内容のうち1)、5)、6）の内容を含んだ科目として、この２科目を履修した場合には、「学校図書館情報サービス論」を履修したものと読み替えることも可能とする。
※「学校教育概論」は、教職に関する科目のうち、以下の内容を含む科目を履修した場合には、「学校教育概論」を履修したものと読み替えることも可能とする。
・教育の基礎理論に関する科目のうち、「教育の理念並びに教育に関する歴史及び思想」の事項を含む科目
・教育の基礎理論に関する科目のうち、「幼児、児童及び生徒の心身の発達及び学習の過程（障害のある幼児、児童及び生徒の心身の発達及び学習の過程を含む。)」の事項を含む科目
・教育課程及び指導法に関する科目のうち、「教育課程の意義及び編成の方法」の事項を含む科目

文部科学省「学校司書のモデルカリキュラム」について（通知）　平成28年11月29日　より

学校図書館の力

二十数年前、つまり90年代の初頭、学校図書館図書や職員配置の充実について、わたしが国会で取り上げても、教育行政側の反応は冷たいものであった。学校図書館は教育の外側におかれていたからであろう。

そのころ、わたしには危機感があった。教育現場の教師から「新聞を読んでも理解できない。だから読まない。少し難解な本は読まない。だから語彙《ごい》が貧しく自分の気持ちを言葉で表せない子どもが増えている」と聴いていたからである。これは日本語の運用能力が低下していることを教示していた。

わたしはあらためて学校図書館法を読みかえし、この法律の精神が教育現場で具現されるとき、「手を伸ばせばそこに本がある」という新しい学校文化が誕生するにちがいないと考えた。本は、子どもたちに、生きる力をもたらしてくれるものと、わたしは信じていたからだ。そうして学校図書館にはその力がある。

それが、学校図書館の充実と子どもの読書環境の整備に心を砕く原動力だった。いま、学校図書館に対して教育現場も教育行政も地域社会も関心を寄せはじめている。隔世の感があるのだがこの雰囲気は大切にしたいとおもう。

子どもたちの家庭はいろいろである。親がよく本を読む家庭の子どももいれば、本が一冊もない家庭の子どももいる。学校図書館はそうした家庭の事情にも、個人の読書力の差にも関係なく、すべての子どもを黙って迎え入れてくれる。サポートを要する心身に障害のある子どもにも、そうでない子どもにも、読書や学習の機会を用意している。

そこには、世代から次の世代へと伝えられて、存続しつづける知の蓄積がある。人間の歴史のながい期間について書かれた記録がある。悲しみも喜びも、悩みも苦しみも、それから希望も未来もある。学校図書館は、豊饒《ほうじょう》な文明の世界へと、子どもたちを導いてくれる。それが学校図書館の力である。

そして、学校図書館というインフラを通じて、わたしたちは知的で凛《りん》とした自らの考えを持つ人を未来へ送る責任を負っていると考える。いまこそ学校図書館の出番なのである。

対談●片山善博教授と学校図書館を考える

肥田美代子（以下、肥田と略させていただきます）

片山先生、本日はよろしくお願いいたします。

片山善博教授（以下、片山と略させていただきます）

こちらこそ、よろしくお願いいたします。

肥田　本題に入るまでに、ちょっとうかがっておきたいことがあります。片山先生は、県知事と総務大臣両方の経験をお持ちでいらっしゃいますね。文科省が行っている学力テストの結果は、都道府県にとって大きな関心事だと思いますが、その公表をめぐってこれまで色々な意見がありましたが。

片山　国と地方、地方同士でも意見、対応が分かれましたね。

政治家は目先の成果を追いがちなんです。でも、本当は基礎が大切です。学力テストも、点数だけを追うのじゃなくて、基礎部分を見なければいけません。たとえば外国人の比率が高い地域がありますね。そうするとそこは国語の成績が低くなるのは当然です。日系ブラジル人の子どもたち、ポルトガル語で育っている子どもたち

片山善博教授

1951年生まれ。東京大学法学部卒業。鳥取県知事、総務大臣などを歴任。慶應義塾大学教授を経て早稲田大学教授。

に、国語のテストが難しいのはあたりまえです。そうだとすると、テストの点のことを問題にするより、そういう子どもたちの日本語の習熟を助ける施策をしなければならない。もう一つ、今日のテーマと関連が深いのですが、学校図書館の充実度も点検しなければならないですね。国語に限らず、読解力を高めていくには、学校図書館がちゃんと機能しているかどうかを見なければいけません。

肥田　学力テストの点数が低いので、「見せしめのため学校別の成績を公表する」という知事のところの学校図書館の状況を調べたら、図書標準の到達度、司書教諭や学校司書の配置状況などが、相当低かったということを聞きました。

片山　低いところはほかにもたくさんあるので、とりわけ低いというわけではありませんでしたが、低いほうであることはまちがいない。だから、そういうところを整備していくのが行政の仕事、責任であって、校長や先生方の責任を問うのが本来の仕事じゃないと私は思うわけです。

肥田　学力が低いと問題になったところの多くの自治体は、小規模校にはほとんど司書教諭、学校司書が配置されていなかったということも聞いています。

片山　都道府県がやるべき仕事と、市町村がやるべき仕事があって、わけて考えなければなりませんが、司書教諭の配置は都道府県がやるべき仕事。学校司書の配置は市町村がやるべき仕事です。私は鳥取県知事をやっていたときに、文科省の考え方はおかしい、と思いました。12学級以上の学校には司書教諭を置きなさい。11学級以下は置かなくていいですよ。とありますよね。まあ、これは学校図書館法の付則に根拠があることなんですが。

肥田　私もあのときに法改正にかかわった者として、文科省の抵抗に勝てなかったことを反省してます。これはやっぱりおかしいですね。

片山　そうなんですよ。小規模校に入学した子と、大規模校に入学した子で、司書教諭という行政サービスを受けられるかどうかに、大きな違いがあるんです。子どもには何の責任もないのに、ここに大きな違いがある。小規模校には司書教諭はいなくてもいいのか？　という問題なんですが、図書環境の整備というのは、小規模であろうと、大規模であろうと、ある程度等しい環境が用意されるべきものなんです。大規模校なら置かなければならない、小規模校には置かなくていい、というのは財政の論理なのかもしれませんが、こどもたちにとっては、すごく不公平なことです。

肥田　２０１４年に二度目の改正が行われました。今度こそと、押してみたのですが、文科省はやっぱり決断できませんでした。財政問題がかかわると簡単には改正できな

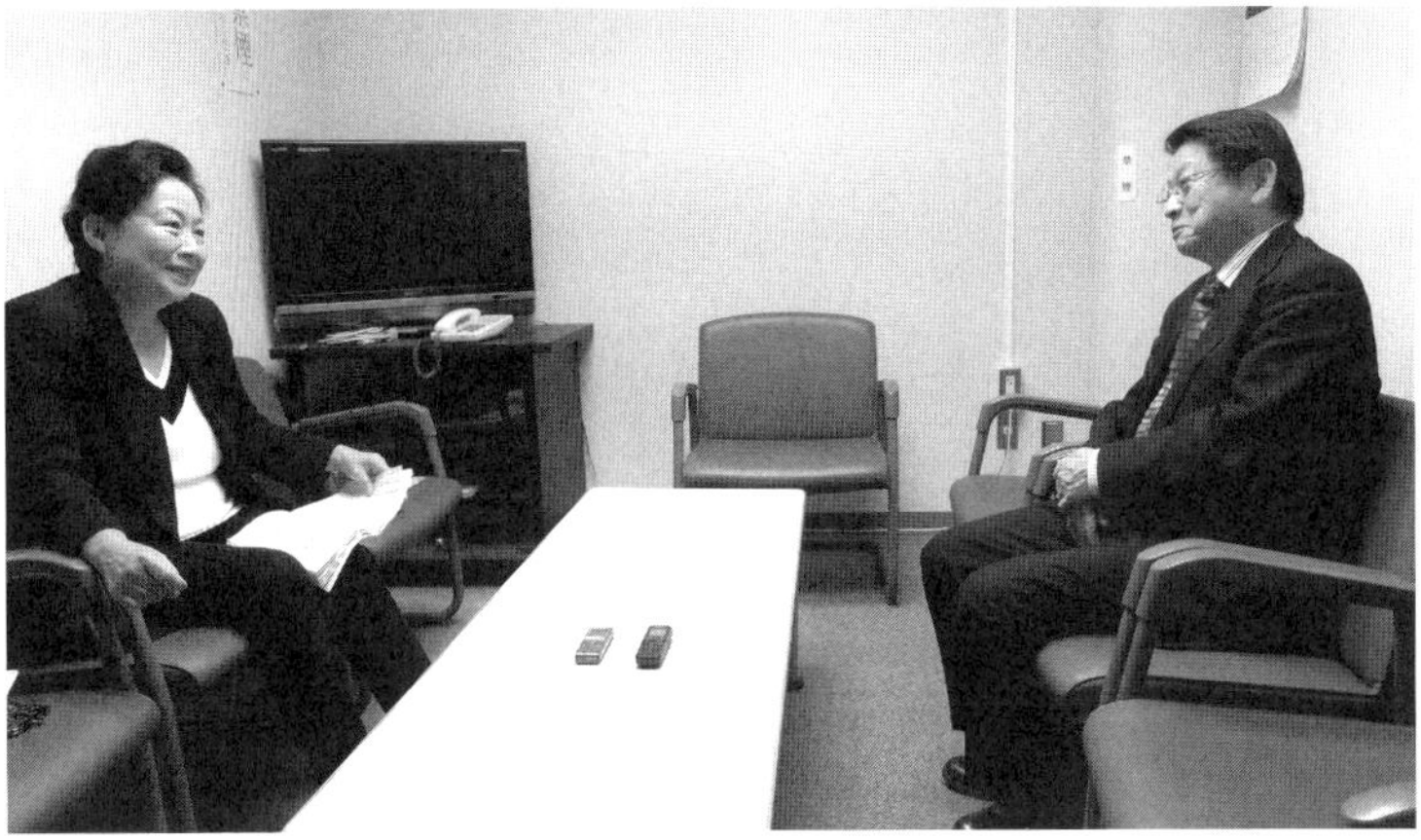

片山　いというのです。実は一回目の改正のときは、もっと大規模校が多かったのですが、いまは、小規模校が急激に増えています。今回、もう少し頑張るべきでした。

そうなんです。私が鳥取県知事のときに、教育委員会からこの基準を聞いて、「おかしいじゃないか」と言ったんですよ。そしたら、教育委員会が「私たちに言われても困ります。これは文科省の基準、方針ですから」と言っていました。「では、あなたたちは本当はどう思っているんですか?」と聞いたら、「それは私たちもおかしいと思っています」と言うんです。なので、じゃあ、鳥取県には学校の規模に関係なく配置してはどうかと、検討を求めました。その結果、学校の規模にかかわらず、すべての学校に司書教諭を配置することになりました。

肥田　そうでしたか。すばらしいですね。

片山　まずは大規模校から、というのはわかります。でも、その次のステップがなくてはいけない。到達目標としてすべての学校に配置しよう、があってしかるべきです。これは図書標準にも言えることです。

肥田　言えます、全くその通り。

片山　小規模校なら図書館の本の冊数が少なくていい、というのはどういう理屈かなと思いますね。

肥田　単純に生徒数によって決めているんですよね。

片山　小規模校に入学した子どもは、本のレパートリーがプアになる、これはやむなし、ということでしょうか。でも、そんなおかしなことはないですよ。

これは、行政の本質を理解していない人たちがつくった基準だと思います。財政の話になりますが、「非分割性」という用語があります。これはどういうことか、わかりやすく言うと人数が少なくなったからといって、行政サービスを分割して小さくするとか、少なくすることができない性質のもののことをあらわします。

肥田　なるほど。

片山　たとえば道路だったら、人数に応じて小道でいいか、というとそうはならないですよね。人数の少ない村は、車の通れない幅の獣道でいい、ということにはならない。

車が通れるだけの幅は必要ですよね。これ以下には小さくできないんです。

肥田　学校でいうとどういうことになりますか？

片山　たとえば体育館です。大都会の学校の体育館も、過疎地の村の小学校の体育館も、ほぼ同じような大きさです。過疎地域の小学校の体育館は、犬小屋並みの大きさでいい、とはならないでしょ？

肥田　ならないですね。

片山　バレーボールをしたり、バスケットボールをするには、決まった大きさがいるじゃないですか。これが非分割性です。
図書館の機能とか、司書教諭も含めてですが、学校図書館の機能も非分割性があると思うんですよね。図書標準なんかは、そのことを理解していない人たちがつくったものです。

肥田　なるほど。今思えば、第一回目の改正は、改正自体に文科省の強い抵抗があって、やっと行ったものですから、そこは譲歩してしまったんです。今思えば残念ですね。
実は法改正は、タイミングとの勝負みたいな所がありまして。

片山　鳥取県は、小規模校が圧倒的に多いんですよ。鳥取県の子は、学校図書館環境はプアでいい、とはならないですよ。鳥取市や米子市のある程度の大きさの学校の子以外はプアでいい、なんておかしいですよね。教育としては耐え難いことです。

だから、県がやれることとしては、鳥取県は小規模校でも司書教諭の配置をする、ということに決めたんです。

肥田 図書標準は、1993年の蔵書数の1・5倍が目標になっています。1993年といえば、もう二十数年前のことなんです。今や「言語活動の充実」に続いて「アクティブ・ラーニング（主体的・対話的で深い学び）」など教育が目指す方向もどんどんかわってきています。しかし、蔵書の中味は対応できていない。冊数だけでなく、蔵書の中味の配分も見直さなければいけないですね。

片山 そうだと思いますね。

小中学校は義務教育で、義務教育に責任を負っているのは市町村です。だから、市町村の教育委員会が本当は自分たちで見識を持って、自分たちの地域の子どもたちにはどれくらいの図書館環境を整えてあげなければならない、というのをちゃんと考えるべきなんです。

だから、国が全国の標準を決める必要は本当はないんだけれど、これを国が出さないと、現実にはうちは整備しない、というところがきっと出てきてしまうんですね。困ったものです。

肥田 そうですね、まったく。

片山 これも自治体の基礎からたて直す、という問題です。市町村の教育委員会の自立、その力量を高めるとか、予算を決める議会の見識を高めるとか、そういうことが必要なんです。

肥田　ところが、そこがうまく出来ないので国が旗を振るわけなんですが、それでも図書標準はまだ半分程度の達成率でしょ？

片山　そうです。いまだに半分ちょっとです。先ずは図書を整備しようと地方交付税で予算措置がなされたわけです。学校図書整備5か年計画は、１９９３年を第一次として、２０１７年には第五次計画が始まりました。

大変残念ですが、この予算はいわば流用されてしまい、本来の図書予算として十分に使われていない、ということが横行してしまいましたね。しかもこの予算がきちんと使われていないことを関係者が認識していない。

どうしてこんなことが起こったのかというと、予算が編成されるときに、学校図書館に関係する先生とか、親とかが、予算の作成に参加する機会がないという事情もあると思うんです。

肥田　学校図書館をよくしたいと思っている人は本当は多いじゃないですか。

片山　心ある人は、みんな思っています。そして地道な努力もしておられます。

もし、学校図書館をよくしたいと思っている人たちに発言の機会があれば、こんな風に、本来の予算が別のものに化けるなんてことは起こらないんです。

アメリカの議会がどうかというと、市民が意見を述べる機会が必ずあるんですよ。これと同じような機会が日本にもあれば、市民が、「地方交付税で措置されている学校図書館整備費のうち、実際にはいくら学校図書館に使われているんですか？」と質問したら、当然説明責任があるので、答えなければならない。そうすると、「あまりにも現実に使われている予算が少ないですよね。これはどこにまわってしまったんですか？」ということになりますよね。そうすると、例えば道路だとか橋だとかインフラ整備に使われているなどということが明らかになるんです。

肥田　それはアメリカの場合、地方議会で行われているということですね。日本の場合は、そういう機会がないので、よほど意識を持った議員が質問しないと、こういうことは明らかにならないですよね。

片山　日本は、議場でのやりとりが議員に独占されてしまっています。市民の出る幕がない。市民は傍聴しているだけ。アメリカの議会は市民の広場ですから、議員が発言するより、市民が発言する場なんですね。議員はいわば裁定役です。市民の考えと役所の思惑との。

肥田　システムが違うのですか？

片山　システムというか、運用が違うんですね。だから、本当は日本の議会も、とくに地方議会は、住民がもっと発言できるしくみに変えるべきだと、地方自治の観点からは思います。

肥田　そうすると日本の場合はどうすればいいんですか？

片山　公聴会という仕組みがありますよね。それをうまく応用して活用すればいいんです。ただ、議会運営そのものも相当変えなければうまくいきません。例えばいま、地方議会は、年に4回開催する定例会方式と呼ばれる仕組みです。これをアメリカのように定例日方式に変える。たとえば水曜日の午後6時から毎週開く、とかね。

肥田　これは首長が決めればいいんですか？

片山　これは議会が決めるべきことです。こういう風に運用を変えられるように、私が総務大臣のときに準備し、既にそのための地方自治法の改正も行われています。

肥田　そうだったんですか。

片山　これを通年制議会といいます。ところがこれを取り入れたところは、ほんの一部です。それも至って形式的な取り入れ方でしかなく、本来の通年制にはなっていません。

肥田　それはぜひ、市民の発言の機会を増やす方向で全国で取り組んでほしいですね。議会対策以外に学校図書館予算獲得のために必要なことはなんでしょう。

片山　学校の先生たちが、学校図書館と連携した教育をしていないことも問題で、そこを改めなければならないと思います。自分の授業を進めていく上で必要な資料の充実を学校図書館に求めるようでなければなりません。

肥田　この授業のためにはこの資料が必要だ、という要請が繰り返されていけば充実されていくということですね。

ところで話は変わりますが、片山先生は、総務大臣のときに、自治体が民間委託を広げすぎたのはよくないとおっしゃっていらっしゃいますよね。最近、学校図書館を民間委託する動きが広がりつつあります。これについてはどうお考えですか？

片山　民間委託自体は自治体の選択で、それはひいては、それを決めた議員を選んだ住民の選択、ということになるので、一概にどうこう言うべきことではないのですが、それを決める際に一番大事な、学校図書館が学校の中心であるとか、公共図書館もですけれど、図書館自体の重要性が社会に認識されていないことが問題です。これが認識されずに、安易に予算効率化の観点だけで民間委託されていることが多い。

学校図書館も、活用の仕方によってはとても大きな力がある、ということが認識されていない。実は、これを実証しているモデルが少ない。

肥田　学校図書館を活用することによって、こんなに大きく子どもたちの成長につながったんだ、っていうことが明確に示されていないということですか？

片山　少しずつ理解はひろがっていますよね。でも大きなうねりになっていないです。

肥田　例えば入学試験とか、会社の採用試験とかに、論文形式を導入しようという動きはありますよね？

片山　書くという行為は、読むという行為なしにはできないことだと思うのですが。私はいま大学の教授ですから、つい先日も、入学試験の監督と採点を、担当しました。法学部は入試で論文があるんですよ。これはとってもきちんと書かれています。ところがこれが、受験のテクニックとしてであって、内発的な力になっていないような印象もあります。というのは、入学して、定期試験で小論文を書かせると、段落わけすら上手にできない学生が出てくるんです。

肥田　え？　どういうことですか？

片山　段落わけができていなくて、最初から最後まで改行しないまま書き続けているものがあるんです。受験のときにはできたのに入学後にできない、ということは、受験のテクニックとしてできただけだってことですかね。こんな基礎的なことは高校卒業までにきちんと身につけておいてほしいですね。

肥田　学習指導要領には「言語活動の充実」というのも明記されてきたんですけどね。

片山　私のゼミには多くの学生が希望してくれます。でも、せいぜい20人しかとれません。だから選抜せざるを得ないのですが、どういう試験をしてきたかというと、この1

年間に読んだ本の題名を書かせます。10冊とか。で、面接で聞きます。その本のことを。ちゃんと読んでないと答えられないですよね。これを数年やりましたので、私のゼミに来たい学生は、きっちり本を読んできて、聞かれたことにきっちり答えられる学生が集まるようになりました。

肥田　それはいいですね。読書を単なる趣味扱いするのではなく、読書が学力の基盤であることを先生方に分かってほしいですね。先ずは何から始めればいいでしょう。

片山　本を読むのが好きになる、という教育が必要ですよね。

肥田　うーんと小さいときからですね？

片山　そうです。だからブックスタートとか、読み聞かせとか、とても大切だと思います。一番重要なのは小学校だと思います。小学校の学校図書館が充実していて、先生も司書教諭だけじゃなく皆が、子どもたちに本を読む楽しさを伝えられるようにしなくてはいけないと思います。

肥田　読書推進が司書教諭の専権事項、みたいになっていますがほんとうはすべての教員が、子どもと本の橋渡しをしなければね。教員養成の必須科目に司書教諭の単位をいれちゃってもいいんじゃないかと思うくらいです。

片山　一般の教員が、学校図書館のことにともすれば無関心な状況を変えていかなければならないですよ。図書館法には、学校図書館は教員の利用にも供すると書いてあるんですけれどね。実際には利用されていませんね。

肥田　教員の意識ですね。学校図書館活用教育に関する意識はまだ低いように思われます。法改正後、学校司書の養成をどうするかが、文科省で議論され、大学でのモデルカリキュラムが提示されました。

片山　基本は司書の資格ですよね。それに追加すればいいと思います。学校に特有の部分を。学校教育の中でどう活用されるべきか、学校司書はなにをすべきかが大切ですから。

肥田　学校司書を配置する予算も今年から増やされてはいるんですが。

片山　国からのお金がどうこうじゃなくて、本来、学校に必要な人材なんですから、自治体はちゃんと配置するべきなんです。ハード事業に比べればたいした予算じゃありません。ところが、教育委員会の自治体における位置づけが低い。そのために予算がそこに回らない。そこから改革していかなければならないんです。

肥田　学校図書館も公共図書館も自治体の事業の中では優先順位が低い、というわけですね。

片山　低いです。だから、いかに低い予算で運用するか、という方向に考えがいってしまうので、委託とか、指定管理に出す、ということになるんです。自分が大事だと思っている部署は外に出さないでしょ？

肥田　その通りですね。たとえば、市長部局が指定管理に出されたなんてことは聞いたことがありませんものね。学校教育が大事だと思われていない、ということですね。

片山　残念ながら、自治体によってはそうですね。

でも昔からそうだったわけじゃないですよ。明治になって、日本は全国津々浦々に学校をつくって、りっぱな教員を配属しましたよね。明治政府は財政は苦しかった。でも教育は大切だから、まっさきに学校をつくったわけです。

肥田　元来、教育が国づくりの根本にあったわけですね。

片山　体育館は、日本ではどの学校にもありますよね。でも、ヨーロッパなどの成熟した地域では、学校に体育館がないところもあります。地域の施設として体育館があるからです。だから学校はそれを使えばいい。日本はそうした環境がないから学校ごとにつくってきたんです。

肥田　なるほど。

片山　つまり、一般には無い施設や、サービスを教育には投資したということです。日本の教育は、本来、そうやって全国に学校をつくって、体育館をつくって、というように力を入れてきたんです。

肥田　そうですね。どこかで優先順位を間違えちゃった。

学校図書館には新聞も必要です。地方交付税で予算措置しているのに、まだ全国の

片山　学校の30％くらいにしか置かれていません。家庭でなかなか複数紙とることはできませんからね。学校は複数置くべきです。でも、実際には、宝の持ち腐れになる可能性もあります。ぜんぜん読まれないという現実も。新聞を置くということは、活用する、ということとセットであってほしいと思います。

肥田　ＮＩＥ（教育に新聞を）を多くの学校でもう少ししっかりやるということですね。

片山　新聞記事を使って、そこから何が読み取れるか、という授業を大学でしていますが、とても大きい効果がありますよ。そういうことを小学生のうちからやったほうがいいですね。

肥田　18歳選挙権が実現しました。公民教育を行うならば、先ずは新聞を読む力が大切ですよね。

ある地方紙の販売店では、「新聞を活用した出前授業」を実施しているところもあります。

片山　地方紙を使って、地域の問題を皆で話し合うという学習などは、とてもおもしろいと思いますね。ぜひやるべきです。

肥田　学校図書館は情報センターの役目もになっています。図書館のＩＣＴ（情報通信技術）についてはどうお考えですか？

片山　電子書籍とかインターネットの活用とか、考えていかなければならない問題ですよね。オンラインのデータベースのためにＩＣＴを活用するのはとても重要だと思います。でも、本を読むとか、活字媒体を使って情報収集をする、というトレーニングがまず大事で、ここをないがしろにしてＩＣＴだけが先行するのはよくないと思います。現段階で、即ＩＣＴ環境の整備が最優先だとは思っていません。

肥田　先生が県知事のときに始められた鳥取方式といわれるものがあります。それについて教えていただけますでしょうか。

片山　鳥取方式というのは、図書館の資料を購入する書店を選ぶのを、入札じゃなくて、知見を競ってもらう、というものです。価格だけを競うというのは、健全じゃないと思います。この本がいいと提示してくれた本を、その書店から買うというものです。全国的な書店だから価格競争力があるとか、地元だから優遇される、というわけではなく、きちんと提案してくれるところから買う、という方式です。意識の高い本屋さんが出てきて欲しいですね。

肥田　書店と図書館の連携を真剣に考えるべき時に来ています。選書の為には書店からのアドバイスは重要です。

学校図書館の支援体制についてですが、教育委員会に学校図書館担当の指導主事とか、学校図書館支援部局を置く自治体も増えてきました。

片山　これは重要な動きですよね。これまでは教育委員会が教員中心の組織になっているんですね。その結果、それ以外の職種に目配りする機能が手薄です。だから、教育委員会の中に学校図書館のことに目配りする係を置くというのは非常に大切だと思います。そうすると、学校司書さんたちの処遇の問題とか、仕事上の悩みとかを汲み取る機能ができてきますよね。

肥田　いま、学校司書さんたちが学校の職員会議に出られない、という問題があります。

片山　正規じゃなくて、非正規だからですよね。正規なら出られるはずです。でも非正規だから出られないというのも本当はおかしくて、正規であっても非正規であっても学校現場をささえるスタッフであることにかわりはないわけだから、それぞれのスタッフが問題もかかえるし、改善の要望も持っているわけです。それを取り入れないのは実にもったいないと思います。だから、こういうところも変えていったほうがいいですね。一つの施設をみんなで支えているという意識が大切ですね。

肥田　「チーム学校」という考え方が必要ですね。
文科省も、学校図書館の大切さについては、よく認識しているのですが、なにせサイフをにぎっているのは総務省ですからね。そのお金も、自治体の裁量でどうにでも使われる。悩ましいことですが、課題はまだまだ多くあります。

先生、今日は、たくさん示唆に富んだお話をいただきました。ありがとうございました。

片山　こちらこそ、ありがとうございました。

やはりつきつめると、自治体の財政運営のリテラシーの問題になるんですね。なにが必要か、どこにどうお金を使うべきか、がもっと議論されるべきですね。

肥田　2020年から、学習指導要領にアクティブ・ラーニングが盛りこまれ、学校図書館なしでは教育が語れない時代がすぐ目の前に来ています。先生の今日のお話は、地道な活動を続けている学校図書館関係者を大いに元気づけると思います。

あとがき——ネット文化と書物文化のはざまで

デジタル教科書が教育現場で使われる時代になって数年がすぎた。電子端末を基本とするデジタル教科書は、子どもと教師という生身の人間同士の対話を希薄なものにし、人間関係のありかたを大きく変える可能性があることが指摘されている。

デジタル教科書のメリット、デメリットについては、拙著『「本」と生きる』（ポプラ社・2014年）でふれたことであるが、電子端末を媒介に間接的な方法でものごとをやりとりする機会が増えれば増えるほど、当然のことではあるけれど、直接相手の顔や目や唇のうごきをみて行うコミュニケーションは上書きされるように消えてゆく。そこで衰弱の危機にさらされるのは、ものごとを感じる心、つまり情緒であろう。情緒の喪失は社会から潤いが消えることでもあった。

日本人の情緒は、この列島の四季と日本語が育てあげてきた。北八ヶ岳や南アルプスの原生林の中を歩くたびに、わたしは森の深さと美しさをあらためておもう。わたしたちの祖先は、まだこの列島が国名を持たず、隣国からは倭国、倭人と呼ばれていた時代から、海の幸と山の幸を交換しながら和やかに暮らしてきたのだった。

縄文時代には山の神を信仰して動植物の恵みに感謝し、弥生時代には水分神《みくまりしん》を信仰して稲の豊作を祈った。

古代史の研究成果は、砂漠の民のように自然と戦う必要もなく、自然を征服する必要もなく、先人たちは細くながい列島の大自然のなかで、その小さな一部として生きてきたことを示唆するのである。

日本という国名が生まれ、日本人を名乗るようになっても、そうした自然を畏敬《いけい》して生きる風土にゆるぎはなかった。美しい四季は細やかな情緒力をそだて、繊細な言葉をつくりだし、やがて、世界最古の恋愛小説『源氏物語』を誕生させる。

あらためて情緒力について確認すれば、他人の痛みを自分の痛みとして感じる心のことであり、季節のうつりかわりや人間模様、もろもろの社会現象にふれたり、ながめたりして感じる気分のことである。

近年、日本人の精神の劣化が指摘されるようになった。金銭をめぐる社会的犯罪、巨大組織の不祥事、子どもの校内暴力やいじめなど、人心の荒廃をあらわす現象は、日本人の情緒力の衰退をあらわしているようにおもわれる。

戦後七十数年が過ぎ、知能ロボットの開発にみるように、機械万能の文明に首まで浸かり、機械の主人公であるべき人間が、いつの間にか機械の召し使いになってしまうのではないかといった趣が感じられる。

ネット文化が街かどや電車内に満ちあふれ、印刷された文章をいちいちページをめくって読むよりも、ネットで情報を拾いあげるほうが速い。ネットで検索すれば、わずか数分で多様な情報でも、論文の核心でも捕捉できるし、文章を読んだ気分にもなる。この便利さが、人びとの心身に刷り込まれてしまった。

失われるものも多い。ある大学の文学部の教授は「学生に長編小説を読み通させるのはむずかしい時代になった」という。断片的な情報をひろいつづけているうちに、長い文章を読みとおす耐心が失われてしまったのだ。便利主義を推しすすめた先には、文学部の学生たちの文学を読みとおす力の瓦解《がかい》が待っていた。

ネット文化の進展は避けられないものである以上、各人はこれと上手につき合う方法をみつけなければならない。押し寄せる膨大な情報から自分がほんとうに必要とするものを選択し、それで得た情報や知識の真贋《しんがん》をたしかめ、それに対してどのような態度をとるのか、自分で決めなくてはならない。その能力や判断力は、やはり、印刷された書物に親しみ、そこに展開される知の体系から得るのが最善の方法であろうとおもう。

ネットの書き言葉は、情報を伝達するための道具にすぎないけれど、書物文化の言葉は、単なる伝達の道具ではなく、著者の精神の具現であり、文化そのものであると考える。それだからネット文化の発展とひきかえに、話し言葉や書き言葉がおろそかにされ、それがひいては精神の劣化につながることを、わたしはおそれる。

その精神の劣化を防ぐには、いろいろな書物と友だちになり親しくつき合う習慣をつくることである。本を読むことは楽しみであると同時に考え、想像することでもある。思考力や想像力を鍛える方法は、いまなお、「知の泉」としての書物にまさるものはない。ネット文化が隆盛をきわめる今だからこそ、本と親しみ、本を楽しむ体験を積み重ねることがたいせつだとおもう。

学校図書館は、そうした体験を豊かなものにしてくれる場所であり、豊饒《ほうじょう》な情報の世界を散策にするにふさわしい径《こみち》といえるだろう。子どもたちがその情報の海に漕《こ》ぎだし、あやまりなき進路をたどるように導いていくのが、読書教育であり、図書館活用教育である。

学校図書館は、学校教育のなかで、かってない重要な役割が期待されている。いよいよ出番なのである。それは現行の学習指導要領の言語活動の充実、２０２０年度から始まる「主体的・対話的で深い学び（アクティブ・ラーニング）」を打ち出した学習指導要領の実践や、選挙権の18歳引き下げにともなう主権者教育の授業など、そのどれもが学校図書館の活用を必要としているからだ。気がついた人から学校図書館のたいせつさを語りだして欲しい。本書がそうしたことに少しでも参考になれば望外のよろこびである。

本書を企画したとき、わたしが尊敬する片山善博教授との対談を実現し、それをどうしても収録したいと考えた。学校図書館に対する片山教授の考え方をお聞きし、ひろく伝えたいとおもったのである。ご講演や授業でご多忙な日々なのに、快く時間を確保していただいた。心からお礼を申し上げたいとおもいます。

本書の執筆を辛抱づよく待ちつづけ、激励してくださったポプラ社編集部の飯田建さんに心から感謝いたします。

参考文献

ツルゲーネフ著『あひゞき・片恋・奇遇』（二葉亭四迷訳　岩波文庫　１９５５年）
柳田国男著『火の昔　こども風土記』（新編柳田國男集第10巻　筑摩書房　１９７９年）
亀井勝一郎全集（第13巻　講談社　１９７１年）
谷崎潤一郎著『文章讀本』（中公文庫　１９７５年）
神田修、山住正己編『史料日本の教育』（学陽書房　１９７８年）
村井実訳『アメリカ教育使節団報告書』（講談社学術文庫　１９７９年）
ドラッカー著『断絶の時代』（ダイヤモンド社　１９６９年）
西澤清、荘司英夫編『21世紀の学校図書館　情報化・専任司書教諭・学図法改正』（労働教育センター　１９９９年）
福田恆存著『私の國語教室』（新潮社　１９６０年）
マークス寿子著『日本はなぜここまで壊れたのか』（草思社　２００６年）
福澤諭吉著『西洋事情』（慶應義塾大学出版会　２００９年）
大前研一著『「知の衰退」からいかに脱出するか？　そうだ！　僕はユニークな生き方をしよう!!』（光文社　２００９年）
スチュアート・A・P・マレー著『図説 図書館の歴史』（日暮雅道訳　原書房　２０１１年）
佐藤学著『学校を改革する　学びの共同体の構想と実践』（岩波ブックレット　２０１２年）
羽場久美子著『EU（欧州連合）を知るための63章』（明石書店　２０１３年）
肥田美代子著『「本」と生きる』（ポプラ新書　２０１４年）
毎日ムック『戦後50年』（毎日新聞社　１９９５年）
五百旗頭真著『米国の日本占領政策　戦後日本の設計図（下）』（中央公論社　１９８５年）

森洋子著『ブリューゲルの「子供の遊戯」遊びの図像学』（未來社　1989年）
吉田茂著『回想十年（中）』（中公文庫　1998年）

参考資料

文部省「学習指導要領（試案）」（1947年）
文部省「学校図書館の手引」師範学校教科書（1948年）
全国学校図書館協議会『学校図書館210号』所収（深川恒喜『学校図書館の手引き』編集の前後　1968年）
文部省「小学校、中学校における学校図書館の利用と指導」（1983年）
文化審議会「これからの時代に求められる国語力について」（2004年）
文部科学省「読解力向上に関する指導資料―PISA調査（読解力）の結果分析と改善の方向―」（2005年）
文部科学省「言語活動の充実に関する指導事例集【中学校版】」（2011年）
連合総合生活開発研究所『日本における教職員の働き方・労働時間の実態に関する研究委員会報告』（連合総研2016年12月）

肥田美代子（ひだ・みよこ）

1941年大阪市生まれ。童話作家。参議院議員、衆議院議員を経て、現在、公益財団法人　文字・活字文化推進機構理事長、一般財団法人　出版文化産業振興財団理事長、大阪樟蔭女子大学客員教授。国際子ども図書館の設立、子どもゆめ基金の創設、子どもの読書活動推進法および文字・活字文化推進法の制定、子ども読書年に関する国会決議、国民読書年に関する国会決議の採択、司書教諭の全校配置、学校司書の法制化など2次に渡る学校図書館法の改正等に尽力。著書に『ゆずちゃん』『「本」と生きる』（ともにポプラ社）『山のとしょかん』（文研出版）ほか多数。

学校図書館の出番です！

2017年12月　第1刷発行

著者　肥田美代子
発行者　長谷川 均
編集　飯田 建
発行所　株式会社 ポプラ社
〒160-8565 東京都新宿区大京町22-1
電話　03-3305-2212（営業）
03-3357-2305（編集）
振替　00140-3-149271
一般書出版局ホームページ www.webasta.jp
印刷　瞬報社写真印刷株式会社
製本　株式会社若林製本工場

N.D.C.017/221P/20cm ISBN978-4-591-15019-1

「本」と生きる

肥田美代子

読書風景はいま、大きく変わりつつある。活字離れが進むかたわら、読書活動は広がりを見せ、それを火種にして学校図書館は輝きはじめた。読書のおもしろさをどう伝えるのか。わたしたちはなぜ本を読むのか、紙の本と電子書籍の違い、教育現場のデジタル化の是非など、「読書」をテーマに現代の課題に鋭く切り込みつつ、日本と日本人の進む道を示す。